政協山東省鄒城市委員會 編

孟子聖蹟圖

中国文史出版社

圖書在版編目（CIP）數據

孟子聖蹟圖 / 政協山東省鄒城市委員會編 . -- 北京 : 中國文史出版社， 2024. 12. -- ISBN 978-7-5205-4985-1

Ⅰ . B222.55

中國國家版本館 CIP 數據核字第 202405Q2R2 號

責任編輯：王文運

出版發行：中國文史出版社
社　　址：北京市海淀區西八里莊路 69 號　郵編 :100142
電　　話：010-81136606　81136602　81136603(發行部)
傳　　真：010-81136655
印　　裝：山東麥德森文化傳媒有限公司　0531-88950690
經　　銷：全國新華書店
開　　本：787×1092　　1/12
字　　數：15 千字
印　　張：20.5
版　　次：2024 年 12 月北京第 1 版
印　　次：2024 年 12 月第 1 次印刷
定　　價：368 .00 元

序言

孟子，是一個怎樣的人？

韓愈說：『其功德，當不在禹下。』

程顥說：『孟子，泰山之巖巖氣象也。』

歷史長河中，孟子世尊『亞聖』，其思想文化影響了一代又一代人。

作爲孟子故里鄒城人，我有時會想象，孟子是一個怎樣的形象？也在進一步思考：政協文史工作該如何更好地擔負起新時代新的文化使命，踐行習近平總書記關於增強文化自覺、堅定文化自信、促進文化繁榮的指示精神，把孟子這篇深厚的歷史文化遺產傳承好、弘揚好、發展好，賡續文脈，煥发新生，讓歷史文化『記得住』且『活起來』。

幸而，自古以來，人們對於孟子的景仰和研究薪火相傳、弦歌不輟，留下了諸多的歷史文化遺產。訴諸筆端的描述豐富多彩，例如，司馬遷在《史記》中以列傳形式簡要記録了孟子的生平要事，漢朝《韓詩外傳》《列女傳》等書籍中有關於孟母三遷教子、斷機喻學的故事，唐宋古文運動把孟子推崇到新的高度，宋元明清把《孟子》作爲科舉必考科目，等等。當古人對於孟子思想、孟子事蹟的思考和探究不再滿足於文字記述時，畫像出現了。迄今發現的最早有關孟子的圖像是漢畫像石中的《孟母斷機》畫像石，其後有五代郭忠恕畫《孟母三遷圖》和宋朝的《孟母送孟子入學宮圖》，元明時期有孟子像傳世。明洪武六年（一三七三）孟子五十四代孫、詔授鄒縣主簿孟思諒立《孟氏宗傳祖圖》碑刻，以十二幅組圖的形式刻畫了孟子生平故事及其父母、弟子，這是現存最早版本的多幅孟子事蹟圖，亦是國內罕見的早期連環畫作。其後，明清亦有不同版本的《孟子聖蹟圖》廣泛流傳，以系列圖畫集中濃縮了孟子生平事蹟和思想精髓。由此，孟子的形象也從粗獷模糊的碑刻石像到眉目清晰峨冠博帶的畫圖繪本漸趨細致。這些圖幅，爲人們認識了解孟子提供了直觀的視覺印象，對研究儒家思想傳播史、中國繪畫發展史以及古代出版印刷史等具有重要價值。

由於歷史久遠，保存不善，《孟子聖蹟圖》具體有多少種版本，都是什麽樣子，現已無法完全確定。一些版本或有遺失，有的甚至流於國外，存於孟子故里鄒城的僅有《孟氏宗傳祖圖》石刻和《孔孟圖歌》之《孟子圖歌》兩種。每每想來，不勝嘆惋。

文脈千秋貫，江河萬古流。歲月淘洗，文化瑰寶不能僅封存於櫥窗，而應該在傳承中焕彩出新。保護好、傳承好文化遺産，是對歷史負責、對人民負責。

近年來，鄒城市委、市政府深入學習貫徹習近平文化思想，堅定文化自信，擔當文化使命，充分發揮鄒城歷史文化悠久、人文沃土豐厚的優勢，積極實施文化探源工程，把孟子文化研究與發展作爲一項重要内容，努力在傳承弘揚中華優秀傳統文化上走在前，爲推動文化繁榮、建設文化強國、建設中華民族現代文明貢獻鄒城力量。市政協認真落實市委、市政府工作部署，以加強孟子文化研究、傳承弘揚孟子文化、彰顯地域文化特色作爲文史工作重點，把收集整理《孟子聖蹟圖》確立爲文史資料編撰選題，對已發現的各版本《孟子聖蹟圖》進行系統收集整理，結集出版。

此輯爲古本《孟子聖蹟圖》首次結集出版，共精選了明代至清末時期的五種版本，包括繪本、刻本、拓本等多種形式，收録的資料豐富翔實，具有較高的文獻價值、文物價值和藝術價值。這是鄒城推進文物保護利用高質量發展的一件大事，是貫徹落實習近平總書記關於文化傳承發展重要講話精神的有益嘗試，對於孟子思想生平研究以及儒家文化的傳播、傳承與發展必將起到積極的促進作用，將進一步彰顯鄒城歷史文化的深厚底蘊和獨特魅力，成爲宣傳鄒城優秀歷史文化的一張亮麗名片。

秦曉東

二〇二四年十二月

目录

序言……〇〇一
凡例……〇〇三
孟氏宗傳祖圖……〇一五
孔孟聖蹟之孟子聖蹟圖……〇四五
孟子全圖……〇七五
聖廟祀典圖考之孟子聖蹟圖……一二五
孔孟圖歌之孟子圖歌……一七三
後記……二三三

鄒國亞聖公圖

宋高宗紹興十四年 御製贊

道術分裂 諸子爲書 旣極而合 篤生眞儒

詆訶楊墨 皇極是扶 較功論德 三聖之徒

皇明山東巡撫陳鳳梧贊

哲人旣萎 亞聖斯作 距詖闢邪 正論諤諤

堯舜之性 仁義之學 烈日秋霜 泰山喬嶽

謹按右贊立石於子思子祠內神道左碑上建亭道光八年
孔孟二氏捐貲重修

孟子像

孟子石像

右孟子石像今安奉端範宣獻夫人廟內相傳爲前代修孟母墓所獲當時築墓者誤有損傷後人因摹刻一像置於邾國公廟故博士孟廣均按元張頦重修孟子墓記云東陽司居敬葺孟子墓齋廬琢石爲危坐像冠章甫衣逢掖俾觀者有考乎古此石像蓋卽居敬所琢不知何時埋諸墓中舊志采俗說謂孟子自刻其像以殉母非也

孟子石像

孟子碑刻像

右碑刻孟子像乃亞聖五十五代孫克明所藏畫像明洪武中鄒縣令桂孟取而勒諸石後碑折爲二因移於寢廟西壁景泰間博士孟希文復摹刻一石置正廟前今二刻並存

孟子碑刻像

孟子衮冕像

右衮冕像本舊刻三遷志按宋神宗元豐六年詔封孟子鄒
國公哲宗元祐元年詔定鄒國公冠服九旒九章圖蓋仿此

孟子衮冕像

孟子行像

右行像本顧沅文廟祀典圖攷

孟子行像

孟氏宗傳祖圖

·明洪武六年石刻

《孟氏宗傳祖圖》爲石質碑刻，明洪武六年（一三七三）孟子五十四代孫、詔授鄒縣主簿孟思諒立，縱二百一十三厘米，横八十四厘米，厚二十五厘米，碑正面刻《孟子聖蹟圖》共十二組圖，每組長三十五厘米，寬二十六厘米，現存于鄒城市孟廟。

此碑係《孟氏祖庭》一書的刻石。碑文兩面各以書頁圖畫的形式刻著十二組内容，每組分左右兩圖。其中一面額題『孟氏宗傳祖圖』六字，自上而下刻《孟子聖蹟圖》十二幅，記載了孟子一生主要事蹟及後世尊崇，是研究孟子生平事蹟及古代縣制、廟制變遷的珍貴圖像資料。這是目前發現年代最早的石質載體孟子聖蹟圖，也是一組比較罕見的既有人物形象又有故事情節的連環畫，具有很高的歷史和藝術價值。

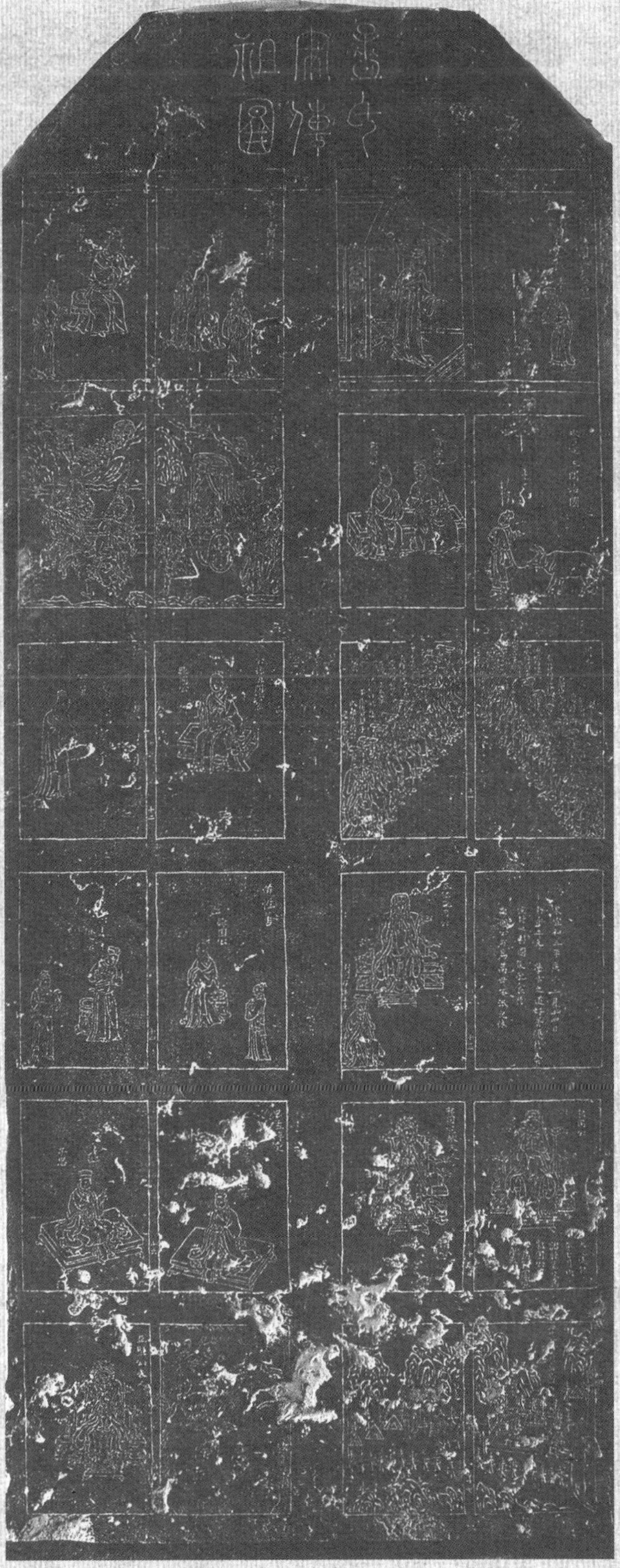
孟氏宗傳祖圖

孟氏祖庭圖記卷第一
孟子

《斷機》

梁惠王問利圖

《梁惠王問利國》

齊宣王問治國

《齊宣王問治國》

《傳食於諸侯》

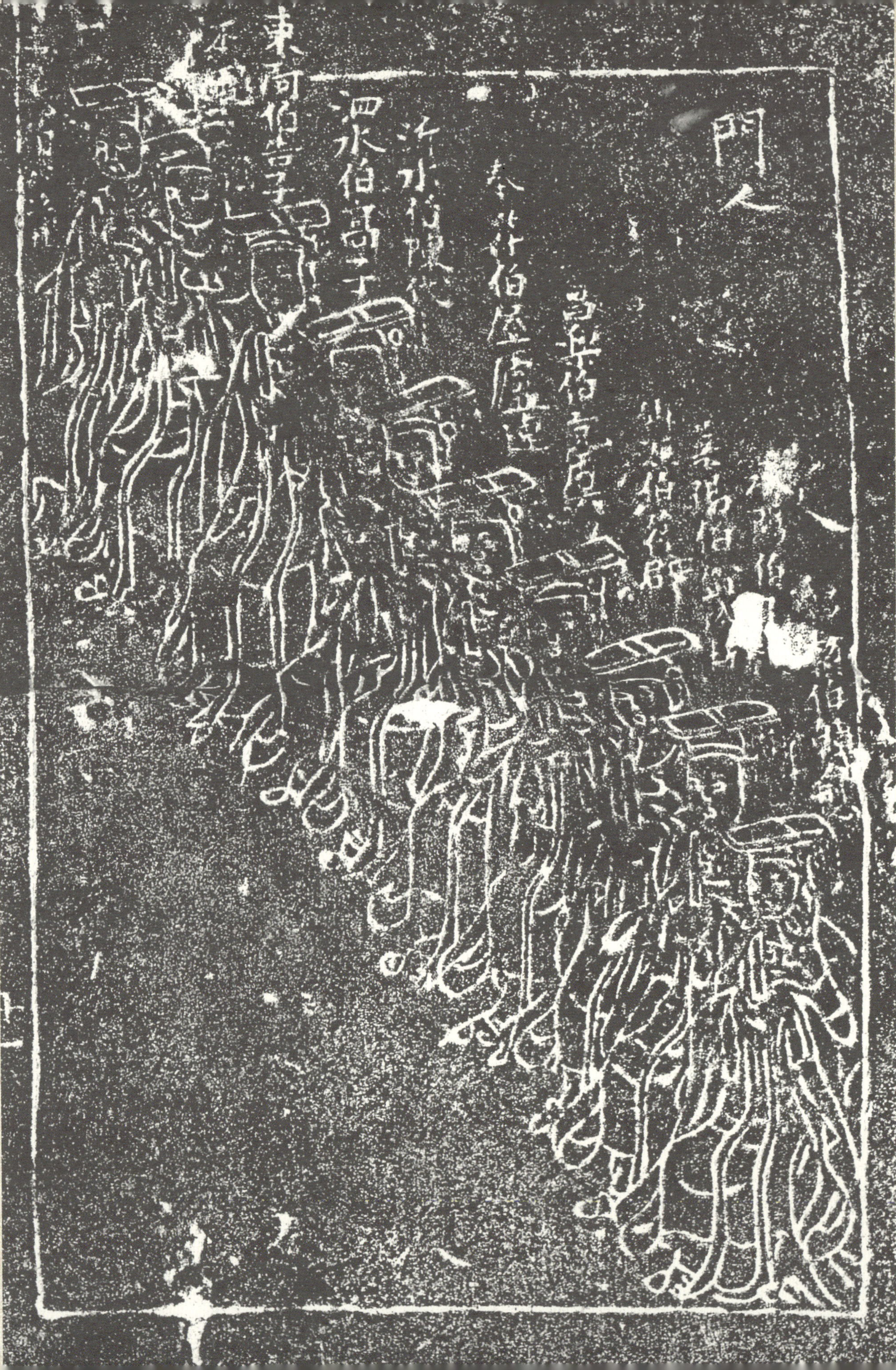
門人
泗水伯高子

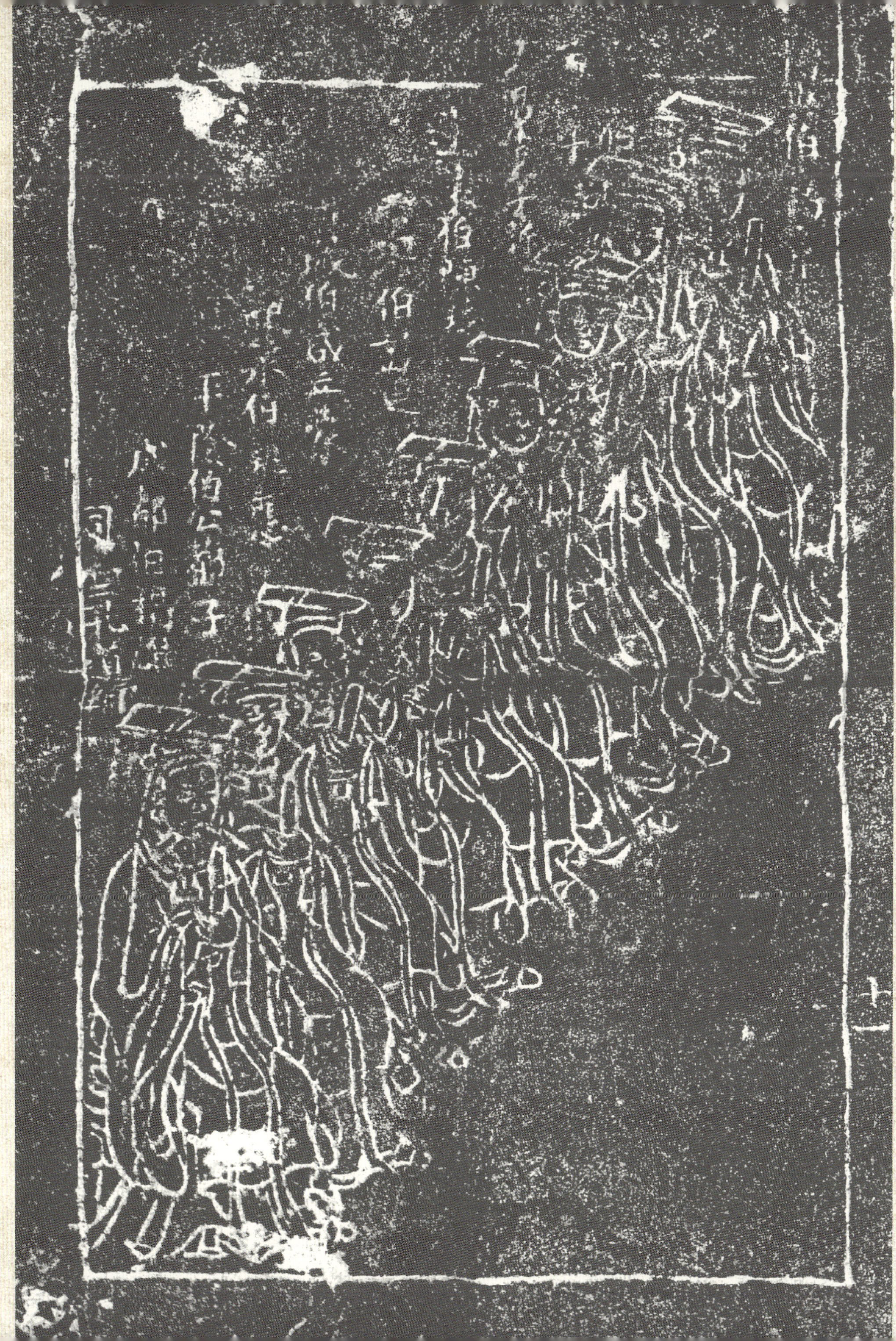

《門人》

《公孫丑問浩然》

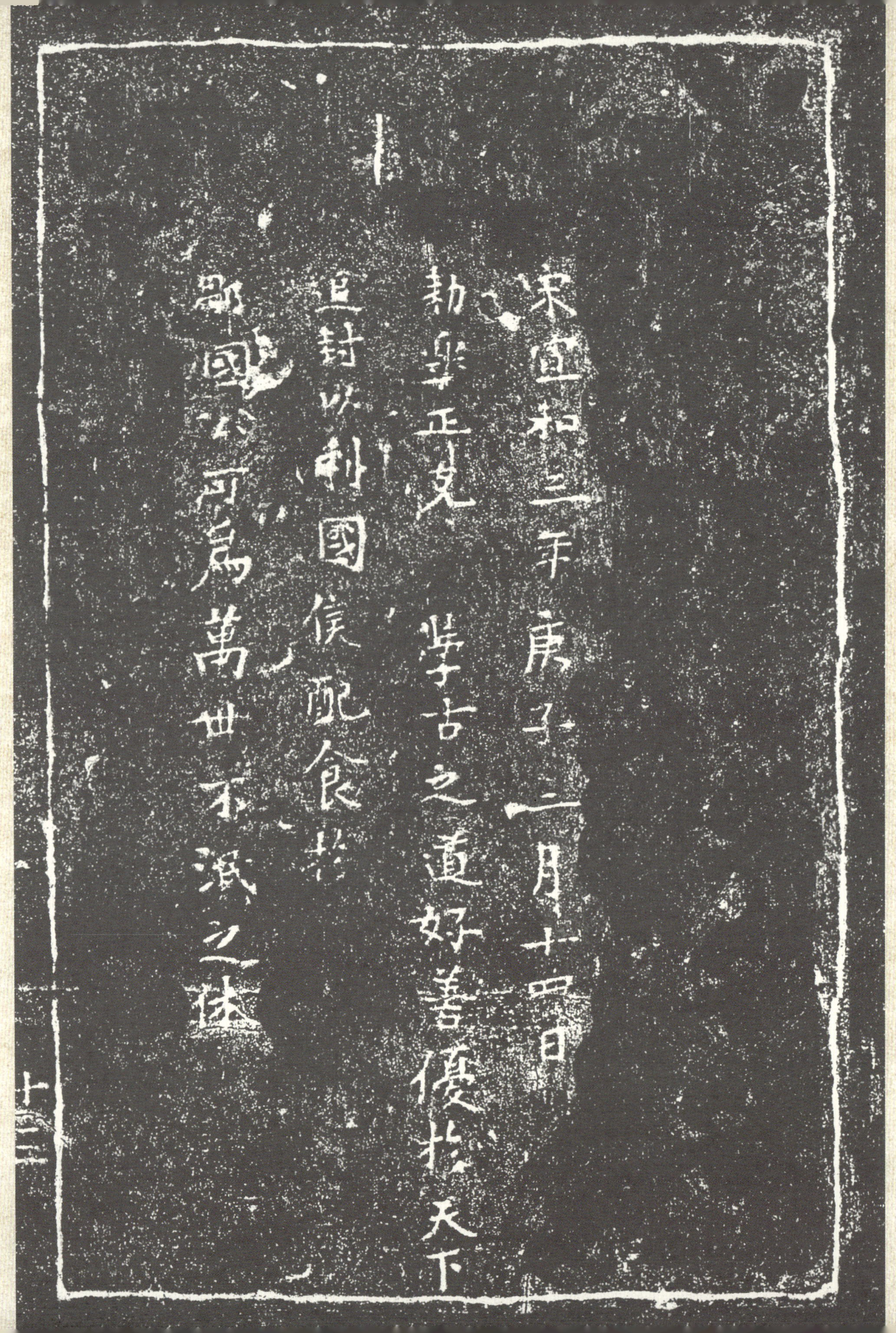

宋宣和三年庚子二月十四日
勑學正兗 學古之道好善優於天下
追封以鄒國侯配食於
鄒國亦可爲萬世不泯之休

十三

《宋敕封樂正克爲利國侯》

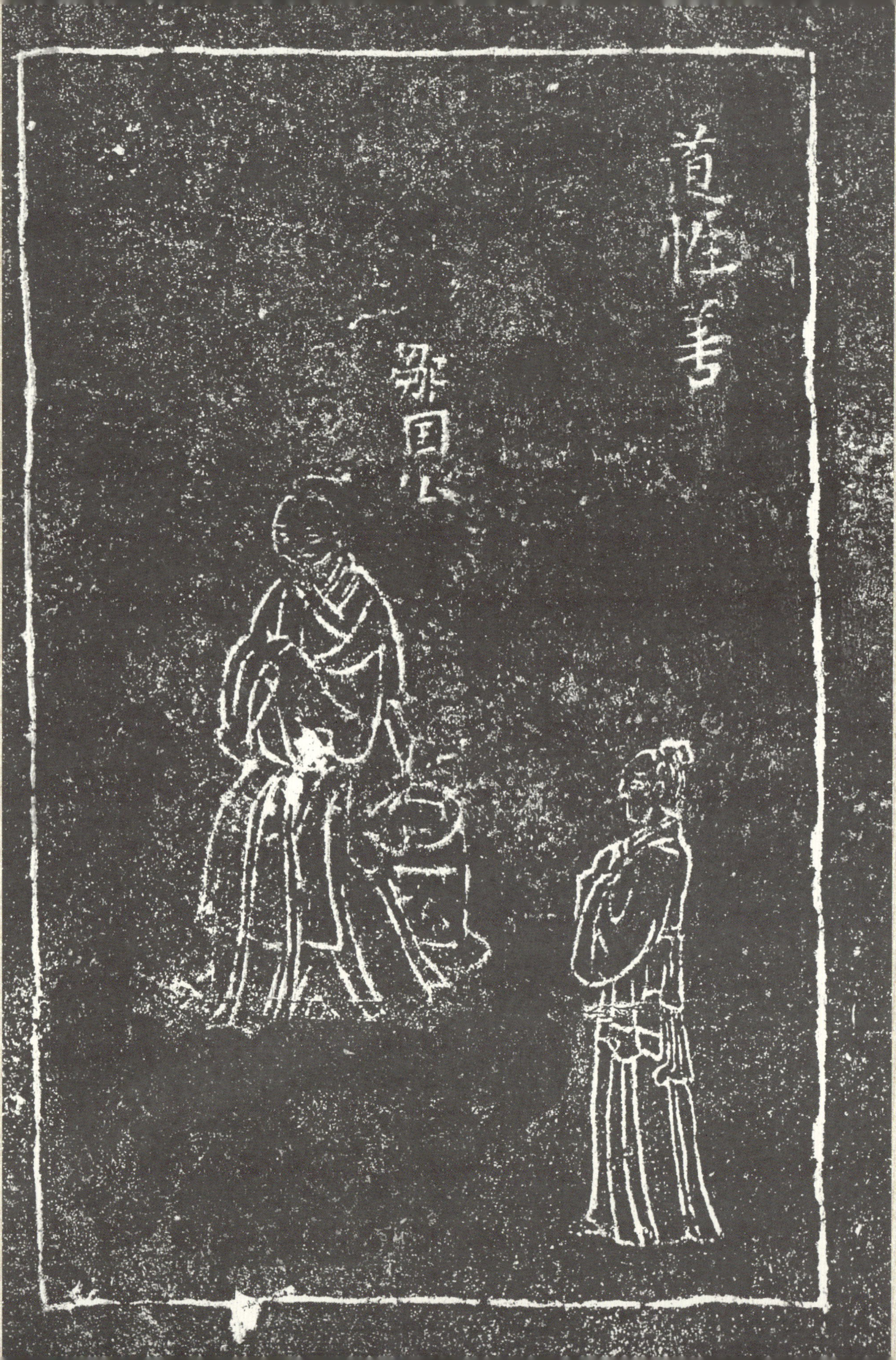
道性善

《道性善》

邾国公
大元延祐三
年七月内
詔誥孟父爲
邾国公
母爲邾国宣

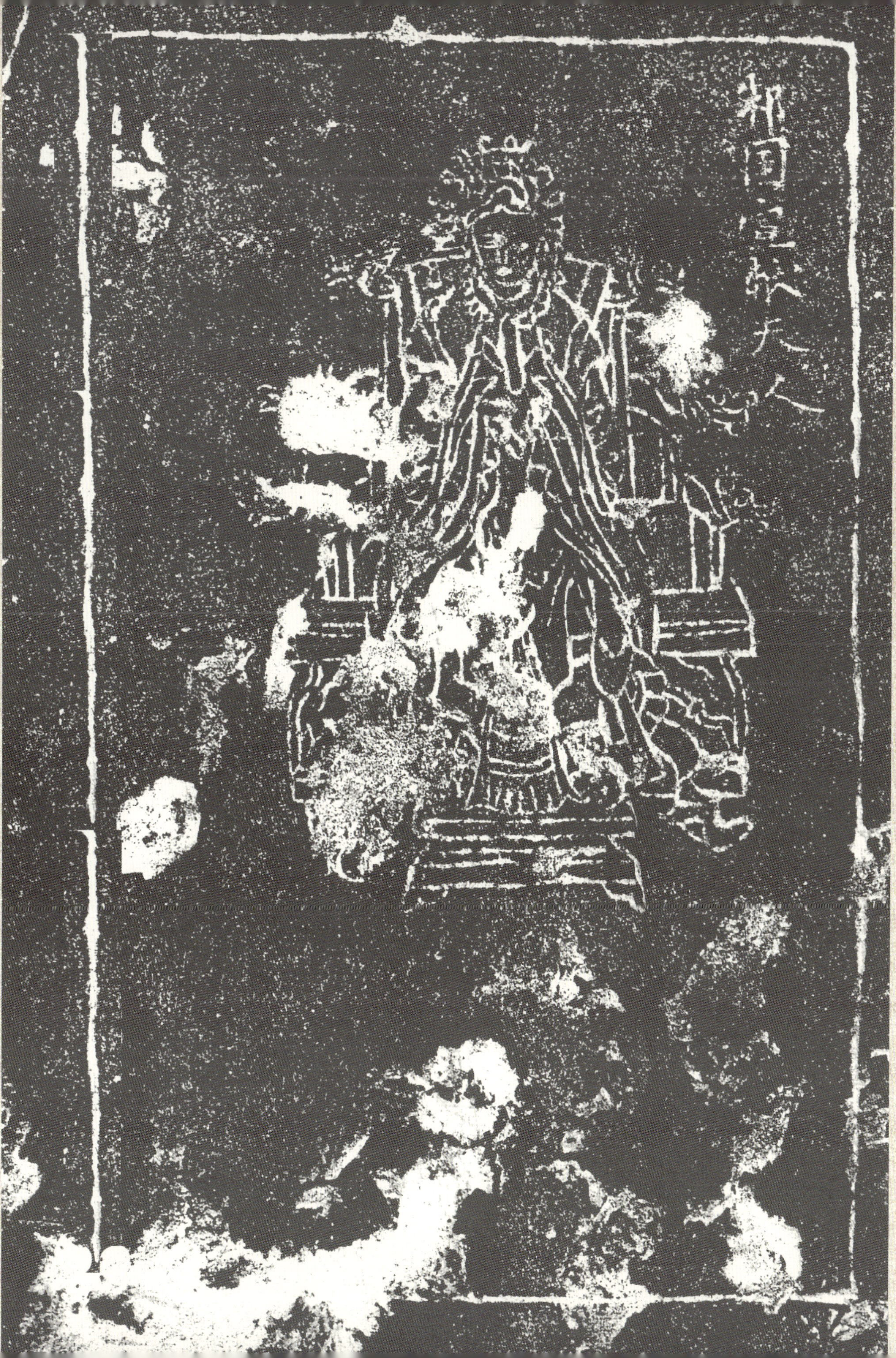

《元詔封孟子父母》

思孟傳受

《思孟傳受》

居圖

《四基山墳廟圖》

《亞聖公夫人》

孔孟聖蹟之孟子聖蹟圖

·明嘉靖四年刻本

《孔孟聖蹟》之《孟子聖蹟圖》，明嘉靖四年（一五二五）戴光刻，張楷撰，謝秉秀輯。線裝一册，原書開本高三十點二厘米，寬十七點一厘米，内圖板框高二十一點八厘米，寬十四厘米。現存于寧波市天一閣博物院。

刻本封面題『明版嘉靖孔孟聖蹟』，前有『聖蹟序』録《史記·孔子世家》朱熹節略全文（缺第一頁），後署『嘉靖乙酉秋九月署鄞縣事郯城縣縣丞江西新建戴光脩刊　鄞縣儒學教諭河南睢陽後學王憲校正　鄞縣儒學訓導湖南湘漣後學謝秉秀輯』。其中《孟子聖蹟圖》，共存圖二十一幅，開篇爲孟子總讚，第一幅圖爲孟子像、樂正子像，像旁刻有『孟子、樂正子』字樣。次爲孟母三遷圖，末爲孟子墳塋，均無題名，大部分有序和贊，少部分有序無贊，排版結構，首頁和末頁爲圖文分開單獨成頁，其他頁多爲上文下圖樣式。此《孟子聖蹟圖》構圖簡潔，線條剛勁，刀工凝練，尚存古意，爲現存《孟子聖蹟圖》木刻本之較早者，頗爲珍貴。

明版
嘉靖孔孟聖蹟

孟子總讚

氣象巖巖　泰山巨鎮
學本宣思　道宗堯舜
仁義七篇　以承三聖
排斥異端　擴發善性
存理遏欲　撥亂反正
扶植弘綱　功與禹稱
配食廟庭　千載垂訓

樂正子
孟子

孟譜云孟子生
三歲喪父激公宜
母氏有賢德始
舍近墓次舍市三
遷迺學宮之傍嬉
戲乃設俎豆揖讓
進退母曰吾遂居之
詩云孟母　教子義方
三遷擇里　文宣宮之傍　嬉戲禮儀
乃設俎豆　進退雍容　異乎群流

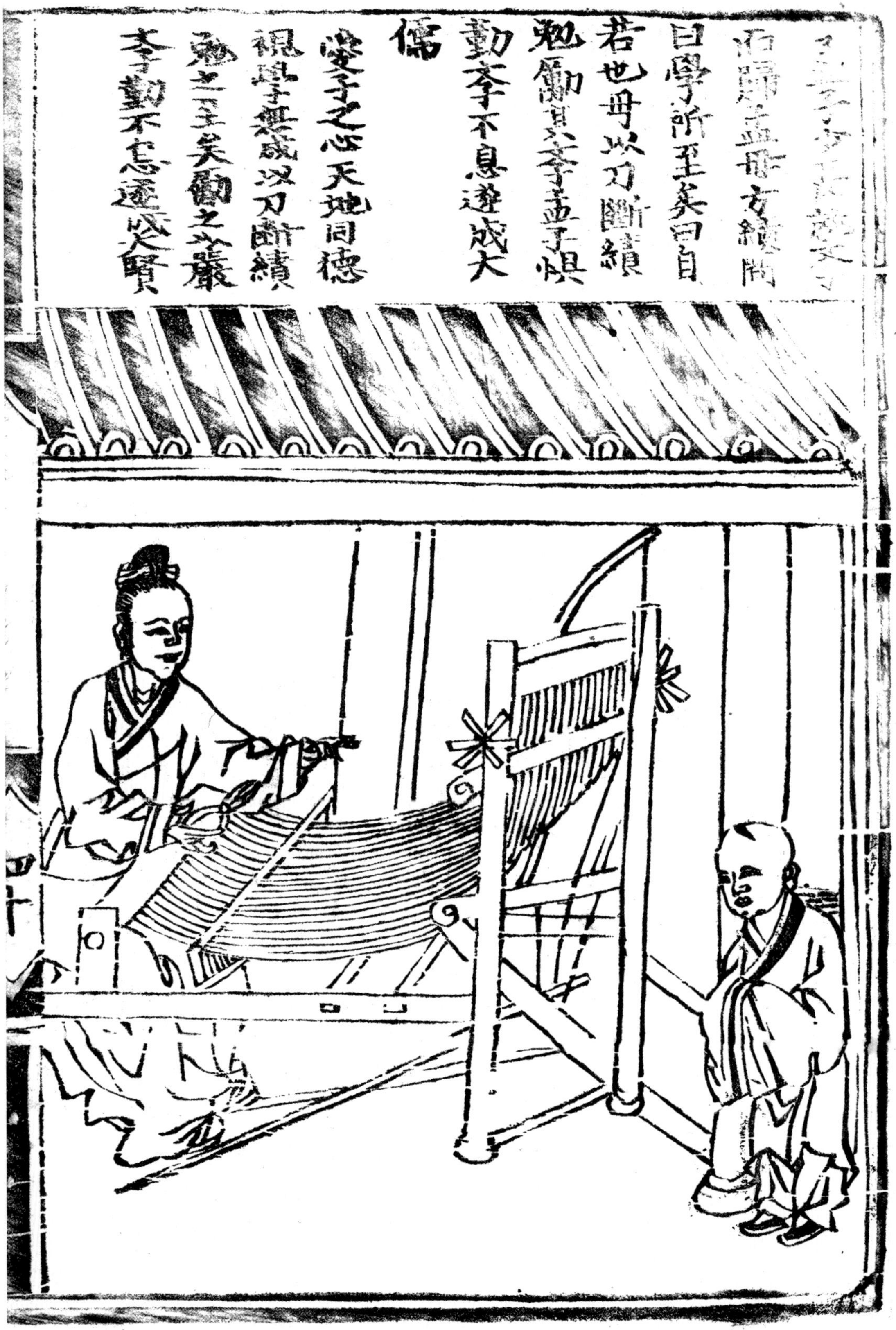
而歸孟母方績問
曰學所至矣曰自
若也母以刀斷績
勉勵其學孟子懼
勤學不息遂成大
儒
愛子之心天地同德
視學無成以刀斷績
勉之三言矣斷之以叢
學勤不怠遂成大賢

子孟子問子思牧民之
道何先曰先利之後
梁惠王言仁義而不
言利正仁義所以利
之也推本言之傳自
堯舜至孔子曾思孟
子而止焉

堯舜禹湯文武周孔
曾思孟軻道傳一統
以利牧民推行仁義
言則雖殊理同一致

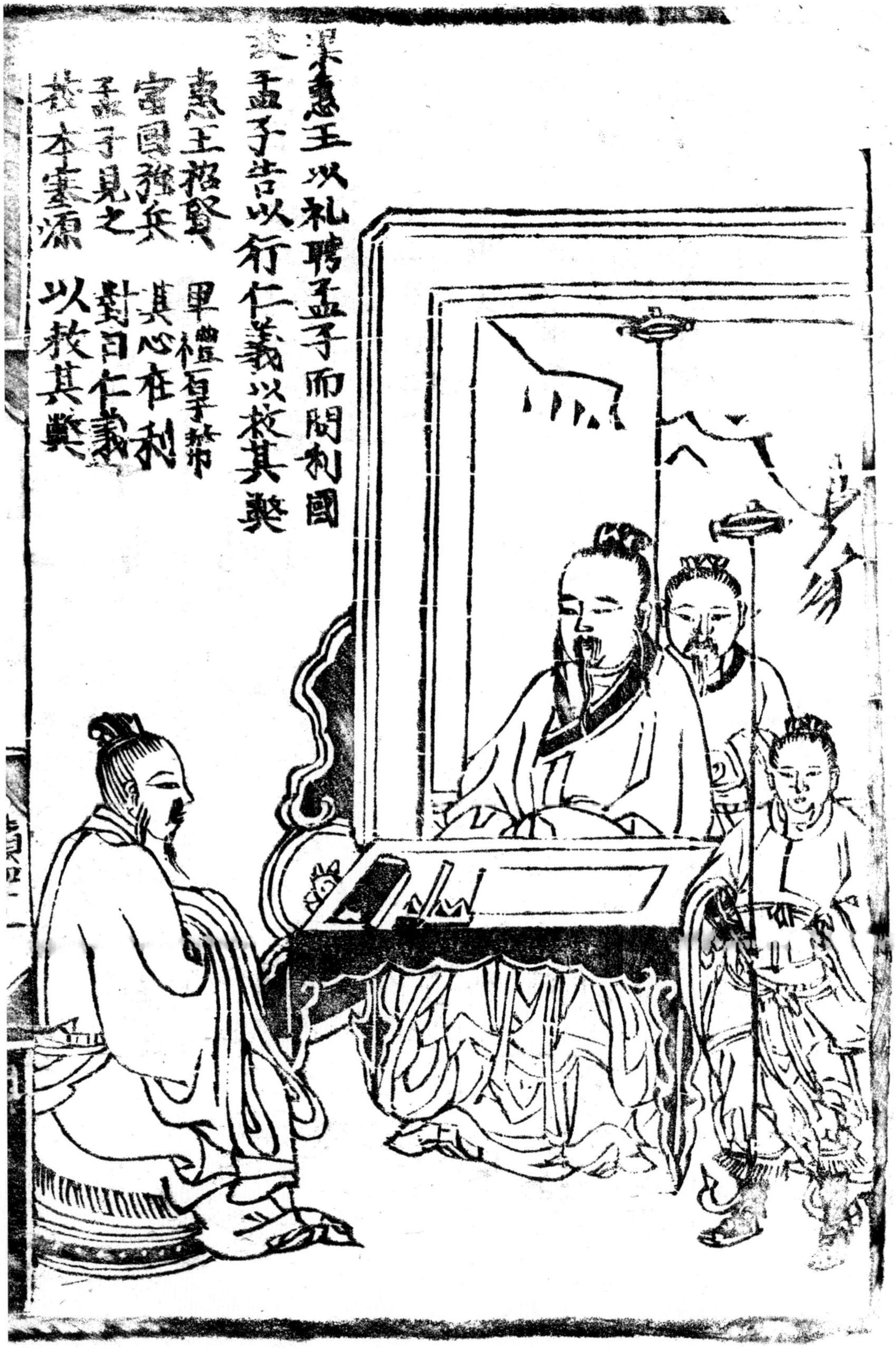
梁惠王以礼聘孟子而問利國
之孟子告以行仁義以救其弊
惠王招賢　卑禮厚幣
富國强兵　其心在利
孟子見之　對曰仁義
拔本塞源　以救其弊

梁惠王立沼上顧鴻鴈麋
鹿問曰賢者亦樂此乎孟
子對以賢者而後樂此一
言之間理欲判矣
遊觀之樂　當同其民
鳴鴈麋鹿　獨善其身
沼上之對　賢者後樂
一言之微　人欲以遏

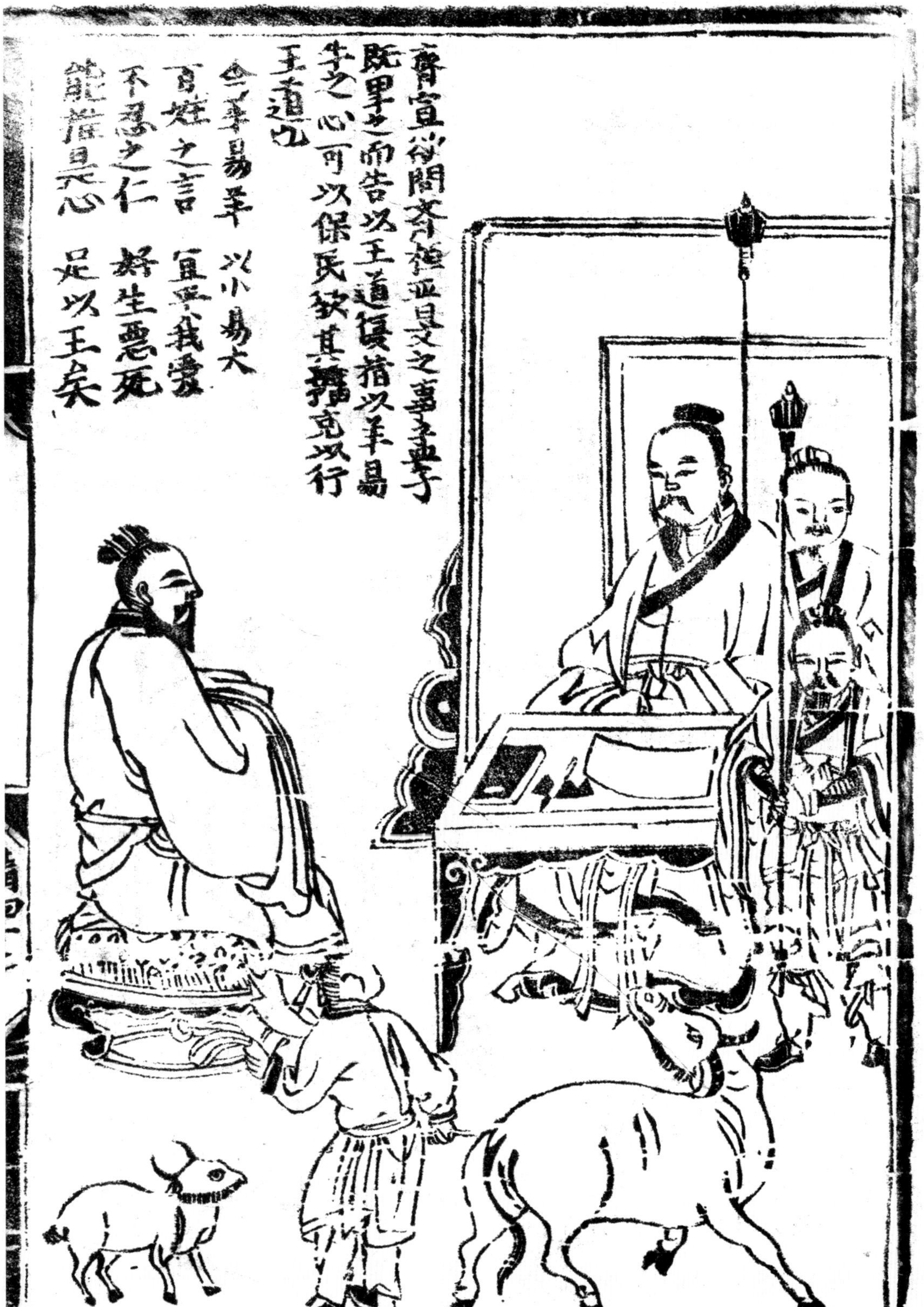
齊宣欲聞齊桓晉文之事孟子
既畢之而告以王道復推以羊易
牛之心可以保民致其推恩以行
王道也
舍牛易羊　以小易大
百姓之言　宜乎我愛
不忍之仁　好生惡死
能推是心　足以王矣

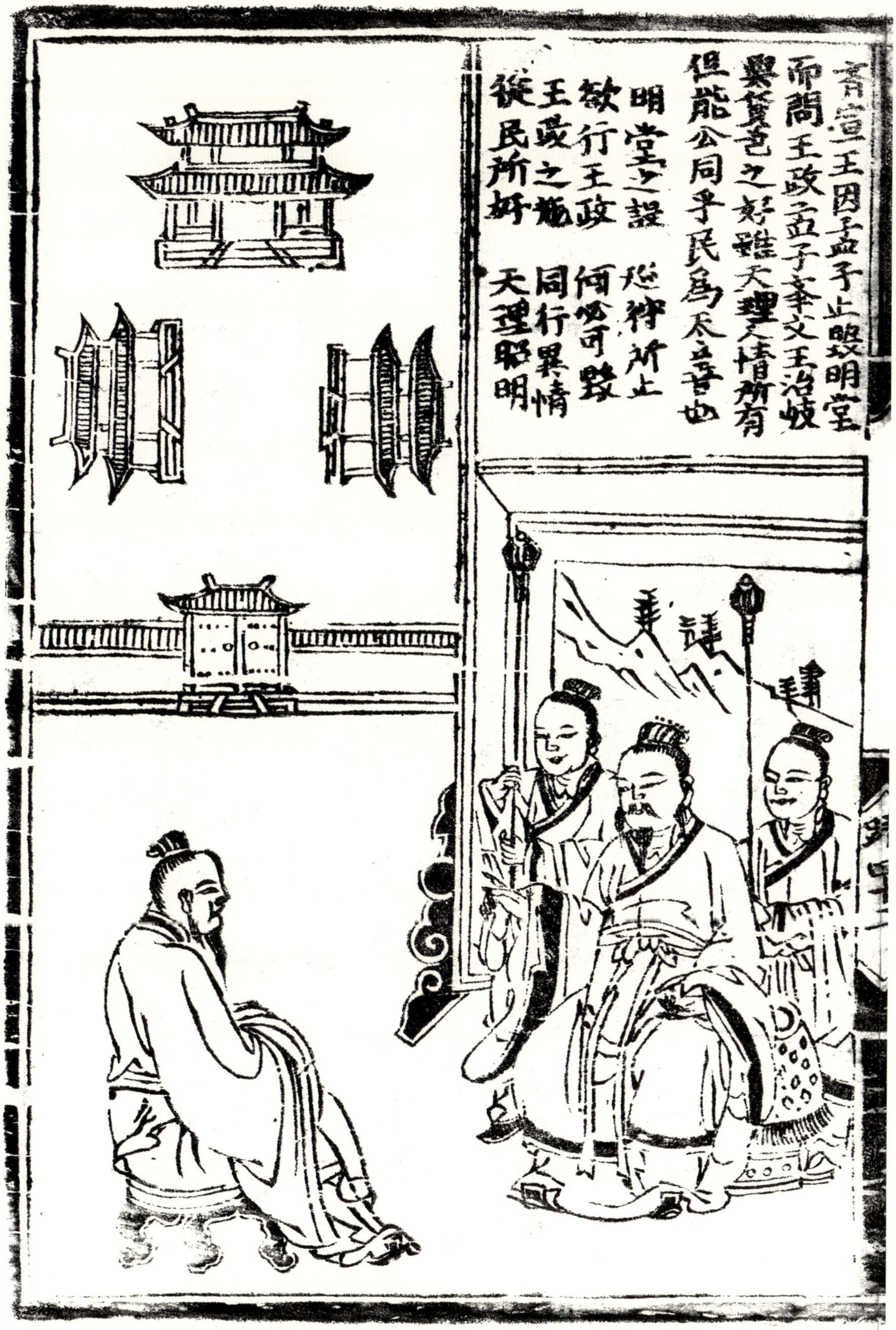
齊宣王因孟子止毁明堂
而問王政孟子舉文王治岐
與貨色之好雖天理人情所有
但能公同乎民爲天之吾也
明堂之設 恐待所止
欲行王政 何必可毁
王政之施 同行異情
從民所好 天理昭明

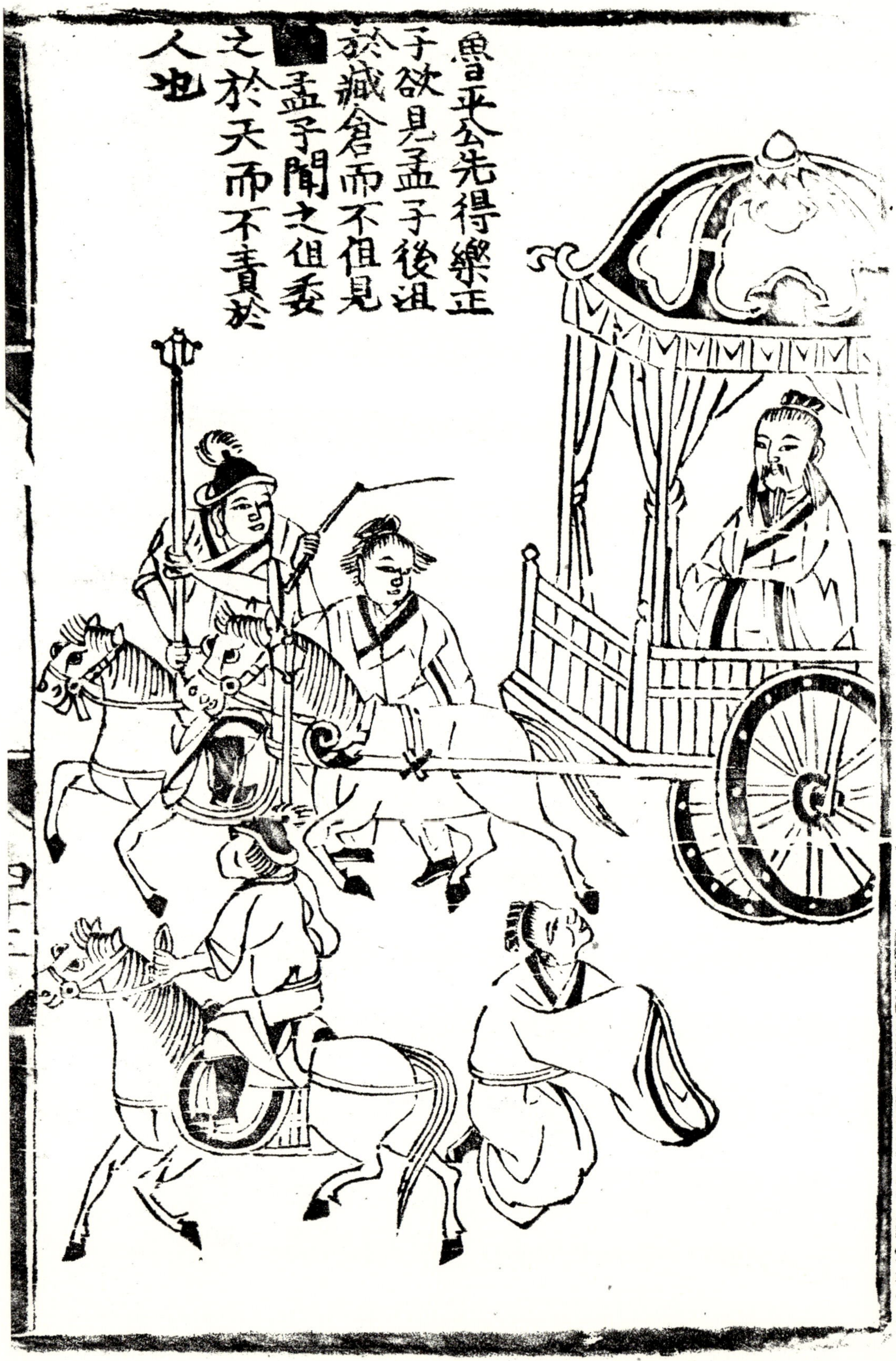
魯平公先得樂正
子欲見孟子後沮
於臧倉而不但見
孟子聞之但委
之於天而不責於
人也

樂於見賢
樂正所使
止於不行
臧倉所沮
行或不行
關乎時運
遇或不遇
皆天所命

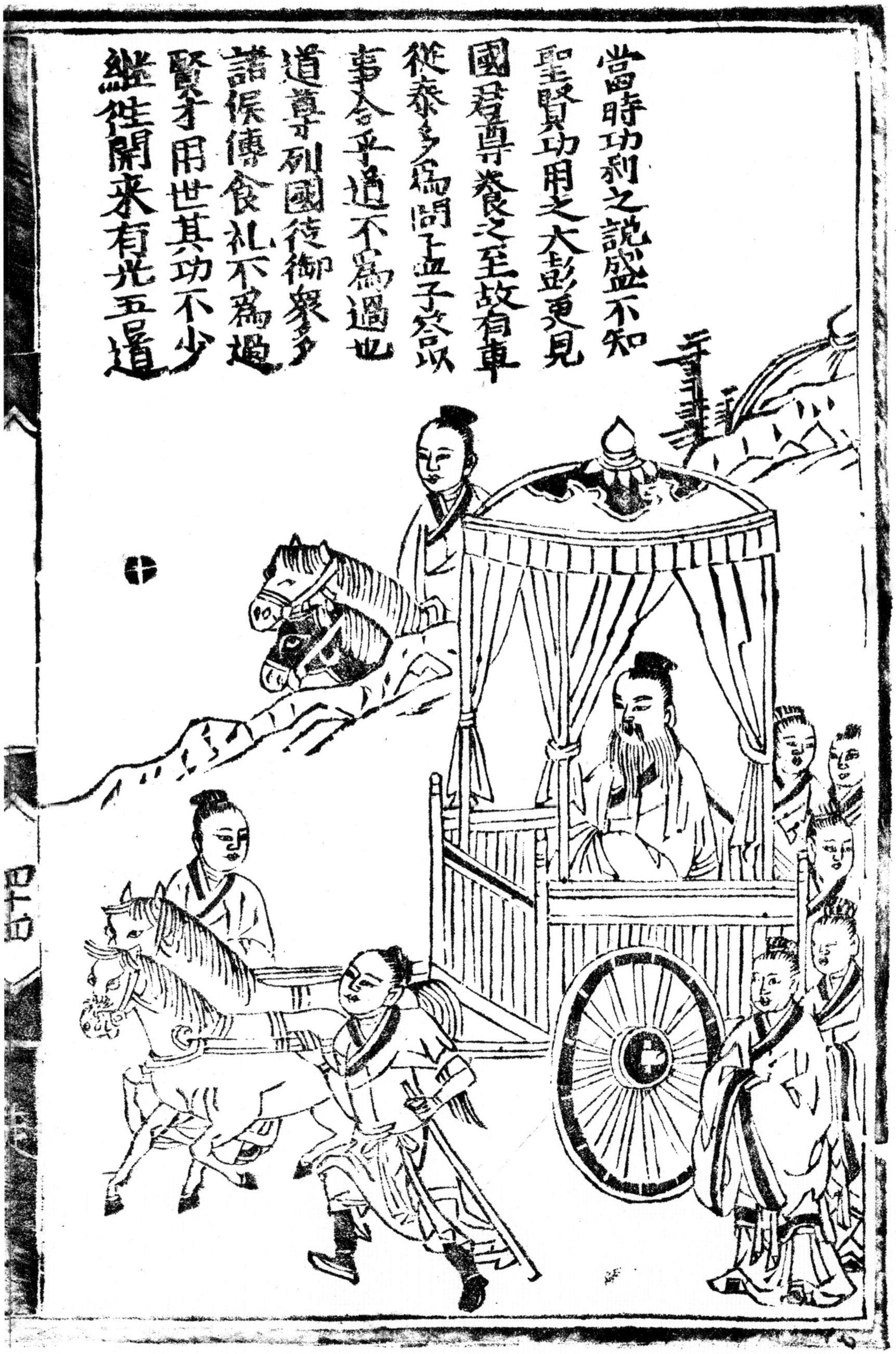
當時功利之說盛不知
聖賢功用之大彭更見
國君尊養之至故有車
從泰多爲問于孟子答以
事合乎道不爲過也
道尊列國徒御衆多
諸侯傳食礼不爲過
賢才用世其功不少
繼往開来有光吾道

公孫丑疑孟子加齊卿相得位行道以動心孟子極言養氣知言之功蓋孔子之聖不假乎養氣知言孟子必學乎此而至聖也心之不動養氣知言功交培養天君泰然孔子之聖不假言氣孟子之心學而可至

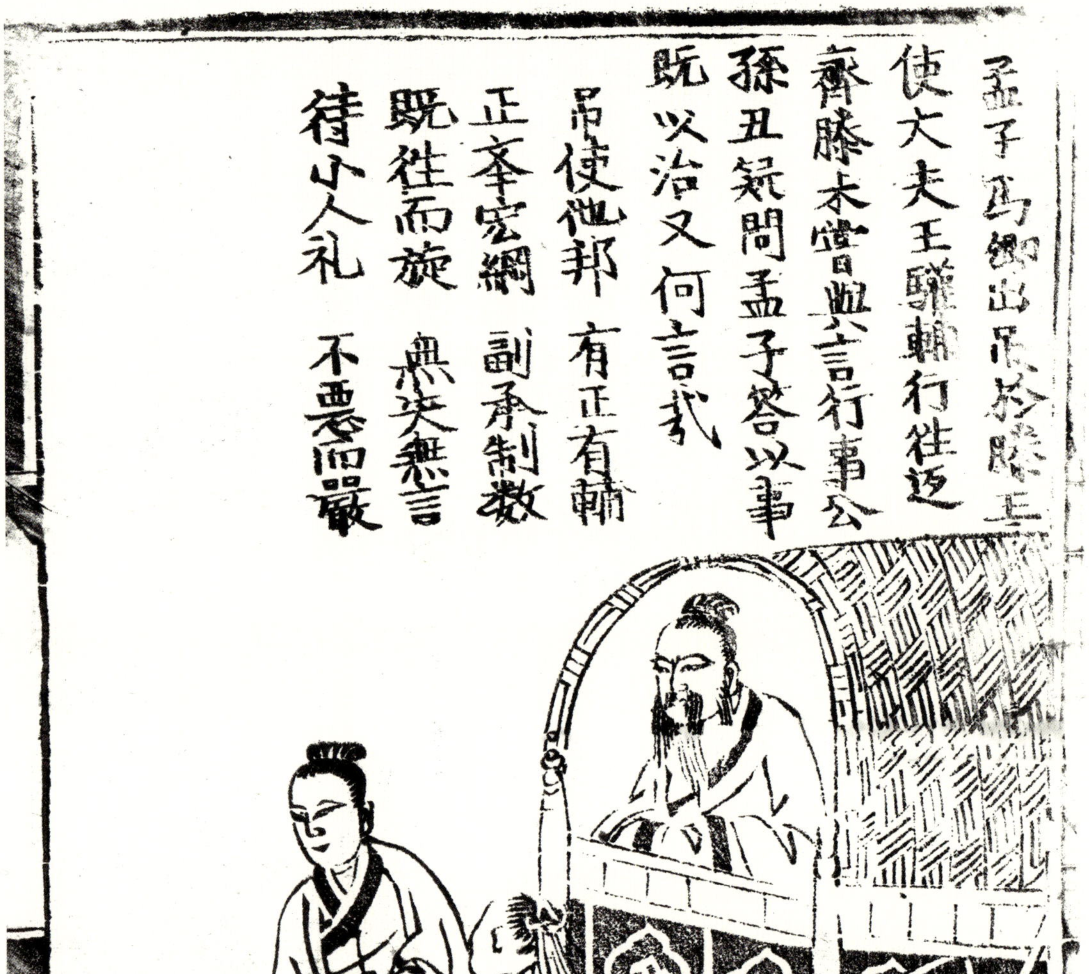
孟子爲卿出弔於滕王
使大夫王驩輔行往返
齊滕未嘗與之言行事公
孫丑疑問孟子答以事
既以治又何言哉
弔使他邦 有正有輔
正介宏綱 副承制数
既往而旋 無失無言
待小人礼 不惡而嚴

滕文公爲世子過宋而
見孟子孟子道性善言
必稱堯舜但衆人蔽於
欲而不充堯舜則無欲
而充其性耳

人性之善　泉出於天
堯舜不失　理得其全
衆人之愚　私欲所累
擴而充之　至同一理

孟子自齊葬於魯反於齊
止嬴充虞治棺至此
問曰木若以美孟子
答曰非特觀美在乎
得爲自盡以快人子
之心而已
葬母反齊過嬴聖
充虞問棺木若美
送終之禮棺槨衾
得爲自盡古悦心

孟子致爲臣而歸王就見
孟子曰前日願見而不可
得得侍同朝甚喜留意
誠矣又言養弟子以萬
鍾爲國人矜式以利誘之誠
拒不受 辭爵而去 爲道不行
王來訪賢 留之以誠 養以萬鍾
爲國矜式 以利誘之 於義何得

孟子去齊充虞路問
曰夫子若有不豫色
然常聞君子不能怨
尤孟子荅以時之不
同異王之期已過乎
治之具在我又何不豫
哉
去齊之憂 其道不遇
充虞問之 荅時有異
亂極當思治 數則有余
平治之具 舍我其誰

孟子因公都子問好辯既
言不得已復以治亂迭興
自堯至周世道衰孔子
懼作春秋至春秋楊墨
盛孟子懼正人心聖賢
救世立法豈得已哉
辯不得已　爲世長導
孔子懼之　春秋是作
聖王不興　道亂楊墨
惑世誣民　仁義充塞
聖賢救世　辭闢之嚴
異端息滅　王道平已

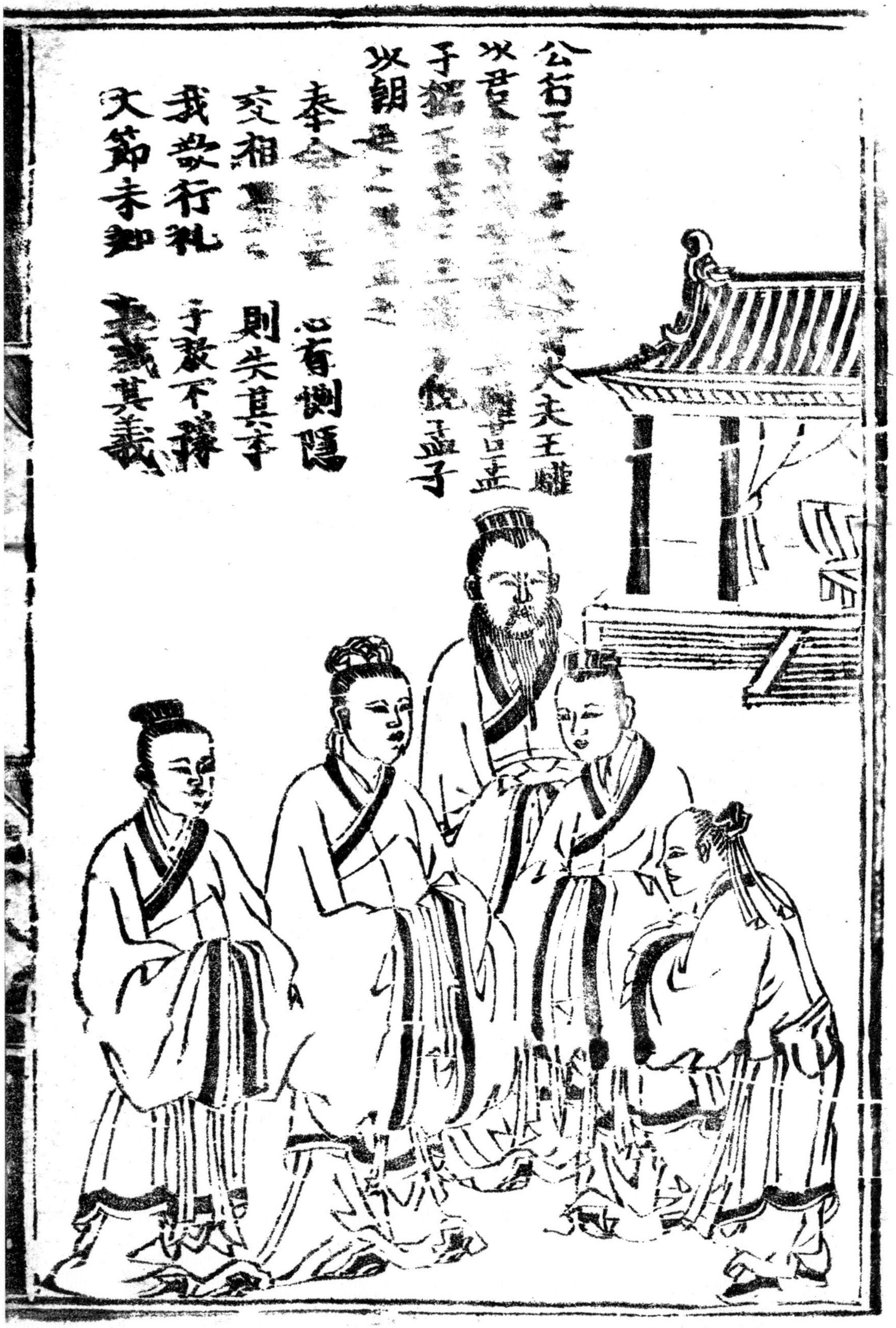
心有惻隱
則失其本
我欲行礼
大節未知

孟子聞樂正子爲政喜而不寐公孫丑三疑其一一強二有知慮三多聞識孟子曰其爲人也好好善言雖治天下尚有餘力也
賢才用世　道喜得行
人欲以遏　天理斯明
特人特疑　多聞强知
好善有餘　天下足治

孟子墓

孟子塋鄒四基山史傳不詳歲月始終宋景祐四年孔道輔守兗州訪得之縣東北三十里今墓是焉

四基之山　欝欝佳城
聖賢塋此　千載文明
文明之地　秀氣所鍾
子孫百世　濟濟雍雍

孔孟聖蹟圖終

孟子全圖

·明萬曆二十六年刻本

《孟子全圖》木刻本，明萬曆二十六年（一五九八）福建建陽安正堂劉雙松主持梓印，亦有署名爲《先聖小像》一卷（附《孟子全圖》一卷）。原書開本高二十六厘米，寬十八點五厘米，版框高二十一點九厘米，寬十四點六厘米。現存于日本早稻田大學。另有同名相似版本《孟子全圖》存于臺灣圖書館，除字體不同外，文字内容和圖片内容基本一致。

《孟子全圖》明刊本，封面和扉頁題爲『孟子全圖』，正文象鼻處題『孟子故事』，封底題『萬曆戊戌歲仲秋月　安正堂劉雙松氏梓』。全書二十一幅圖，首頁圖像爲孟子及弟子像，文字爲『孟子總贊』，末頁圖像爲四基山孟子墓圖。圖旁有文，文字多爲駢散結合，大部分圖像有内容簡述文字和贊詞，排版結構一般爲左文右圖。全書圖文並茂，人物形象、衣著具有典型的明朝特色，有較強的觀賞性和可讀性。

孟子全圖

孟兄全圖

孟子總贊

忠信巖巖　泰山巨鎮　學本宣思　道宗堯舜

仁義七篇　以承三聖　排斥異端　擴發善性

存理遏欲　撥亂反正　扶植弘毅　功與禹稱

配食廟庭　千載垂訓

孟譜云孟子生三歲喪父激公宜母氏有賢德始舍墓次舍市

三遷學宫之傍嬉戲乃設俎豆揖讓進退母喜遂居之

賢哉孟母　教子義方　三遷擇里　學宫之傍

嬉戲禮儀　乃從俎豆　退遜雍容　異乎儕[illegible]

孟子故事

孟子少長就學而歸孟母方績問曰學所至矣曰自若也母以刀斷績勉厉其學孟子懼動學不息遂成大儒

爱子之心　天地同德　視學無成　以刀斷績
勉之至矣　勵之以嚴　學勤不息　遂成大賢

孟子故事

孟子問子思牧民之道何先曰先利之後對惠王言仁義而不言利仁義正所以利之也推本言之傳自堯舜至孔子曾思孟子而止焉

堯舜禹湯　文武周孔　曾思孟軻　道傳一統

以利牧民　推行仁義　言固殊運　理實一致

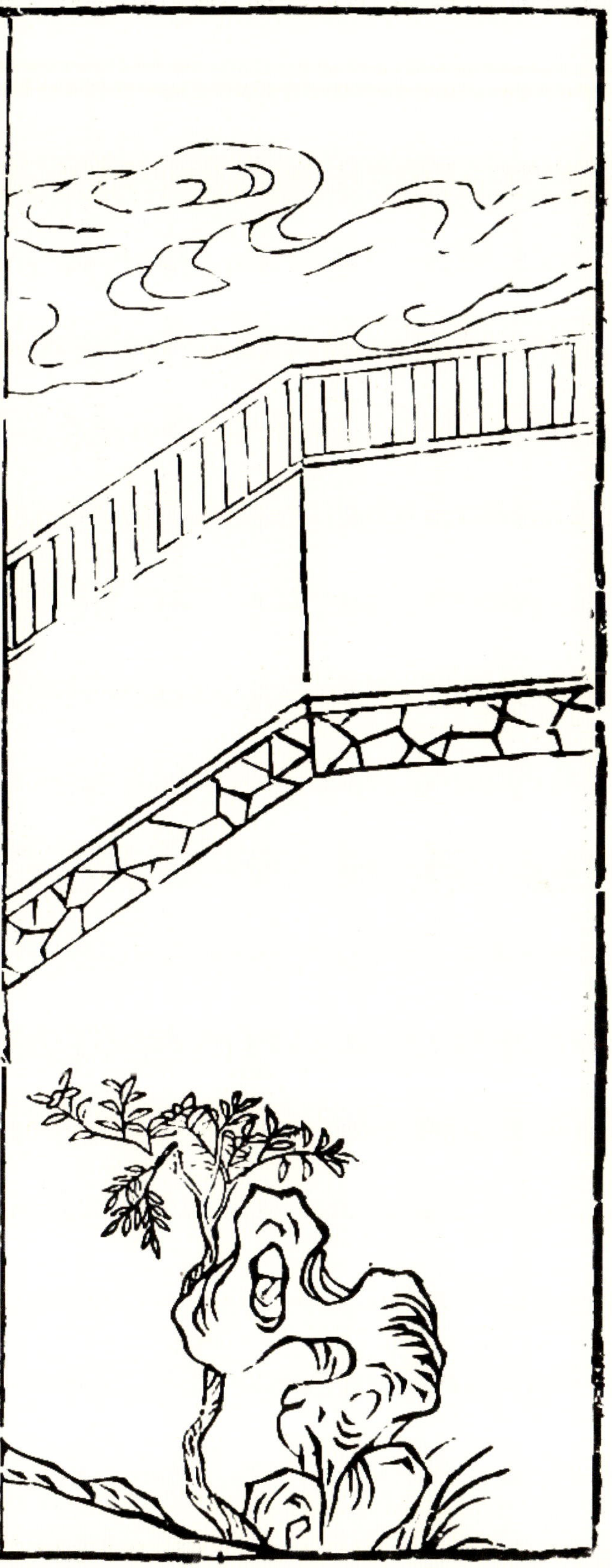

梁惠王以禮聘孟子而問利國故孟子告以行行義以救其弊

惠王招賢 卑禮厚幣 富國強兵
其心在利 孟子見之 對曰仁義
拔本塞源 以救其弊

梁惠王立沼上顧鴻雁麋鹿問曰賢者亦樂此乎孟子對

曰賢者而後樂此一言之間理欲判矣

遊觀之樂　當同乎民　鴻雁麋鹿　獨善其身

沼上之對　賢者後樂　一言之微　人欲以遏

齊宣王欲問齊桓晉文之事孟子既畢之而告以王道復指以羊易牛之心可以保民欲其擴充以行王道也

舍牛易羊　以小易大　百姓之言　宜乎我愛

不忍之仁　好生惡死　能推是心　可以王矣

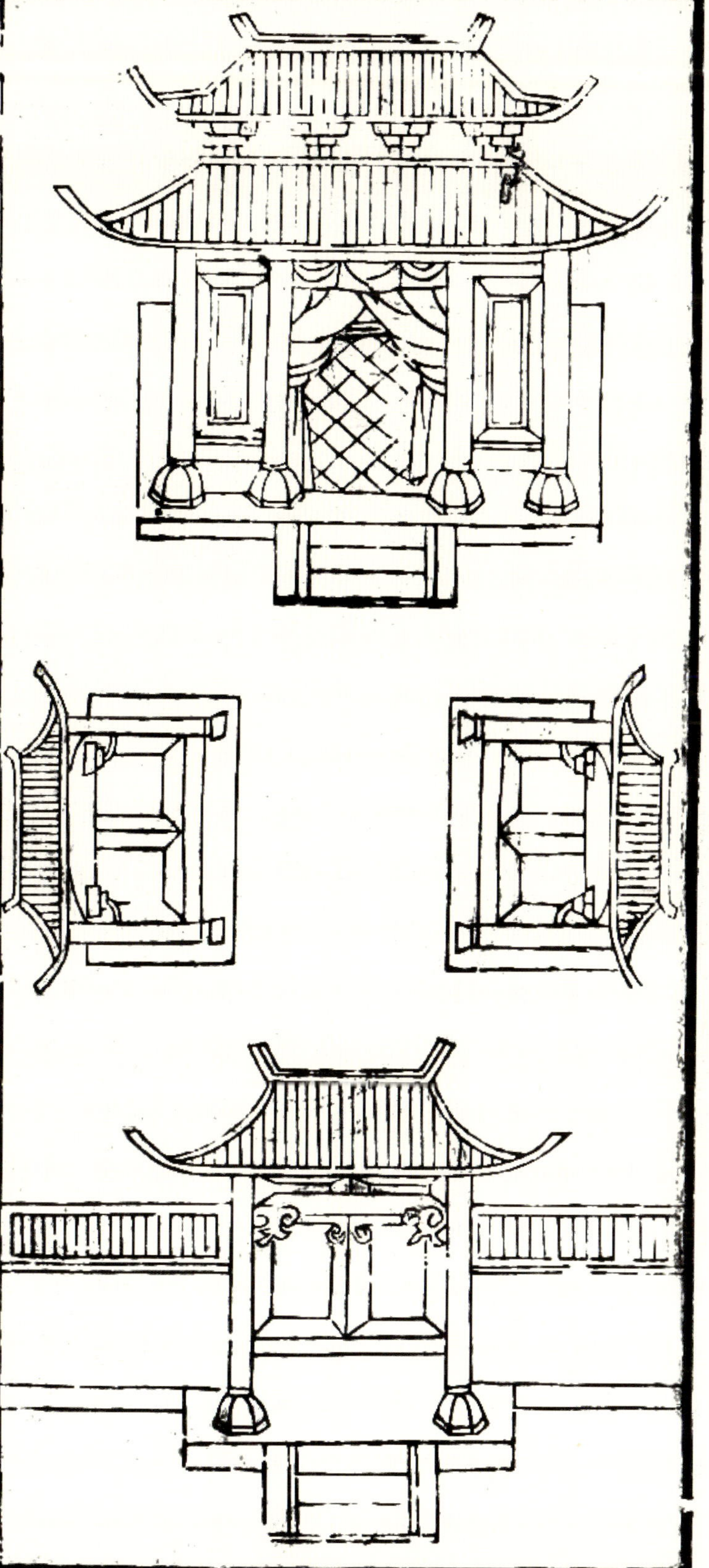

齊宣王因孟子止毀明堂而問王政孟子舉文王治政與大王之好雖天理人情所有但能公同乎民爲盡善也

明堂之設　巡狩所止　欲行王政　何必議毀

王政之施　同行異情　從民所好　天理昭明

魯平公先得樂正子欲見孟子後沮於臧倉而不果見及孟子聞之但諉之於天而不責於人也

樂於見賢　樂正所使　上於不行　臧倉所沮

行或不行　關乎時運　過或不遇　皆天所命

當時功利說盛不知聖賢功用之大彭更見國君尊養之至故有車從泰多爲問孟子答以事合乎道不爲過也

道尊列國　徒御衆多　諸侯傳食　禮不爲過

賢才用世　其功不少　繼往開來　有光吾道

公孫丑疑孟子加齊卿相得位行道以動心孟子極言養氣知言之功蓋孔子之聖不假乎養氣知言孟子必斈乎此而至聖

心之不動　養氣知言
功交培養　天若泰然
孔子之聖　不假言氣
孟子之心　學而可至

孟子故事

孟子爲卿出弔於滕王使大夫王驩輔行往返齊滕未嘗
與言行事公孫丑疑問孟子荅人事既以治文何言哉
予使他邪　有正有輔　正舉宏綱　副承制數
既往而旋　無失吾言　待小人禮　不惡而嚴

滕文公爲世子過宋而見孟子孟子道性善言必稱堯舜

但衆人蔽於欲而不充堯舜則無欲而充其性耳

人性之善　原出於天　堯舜不失　理得其全

衆人之愚　私欲所累　擴而充之　至同一理

孟子自齊葬魯反齊止嬴充虞治棺至此問曰木若以美孟子答曰非持觀美在乎得爲自盡以快人子之心而已

葬母反齊　過嬴而止　充虞問棺　木若以美

送終之禮　棺槨衣衾　得爲自盡　方快人心

孟十 致爲臣而歸王就見孟子曰前日願見而不可得得侍同朝甚喜留意誠矣又言養弟子以萬鍾爲國人矜式以利誘之故拒不受

致臣而去　爲道不行　王來就見　留之以誠

養以萬鍾　爲國矜式　以利誘之　於義何淂

孟子去齊充虞路問曰天子若有不豫色然嘗聞君子能不怨尤孟子荅此時之不同興王之期已過予治之具在我又何不豫哉

去齊之憂　其道不遇　充虞問之　荅時有異
亂極當治　數則有餘　平治之具　舍我其誰

孟子因公都子問好辨既言不得已復以治亂迭興自堯至周世道衰孔子懼作春秋楊墨盛孟子懼正人心聖賢救世立法豈得已哉

辨不得已　為世衰薄　孔子懼之　春秋是作

聖王不興　道亂楊墨　惑世誣民　仁義充塞

聖賢救世　辭闢之嚴　異端息滅　王道千乎

公行子有子之喪蓋大夫王驩以君命往弔諸臣皆與驩言孟子獨不與驩言王驩不悅孟子以朝廷之禮曉之

相與往弔　有命自君　不相與言　恐失其身

我欲行禮　子敖不豫　大鄭未知　孰識其體

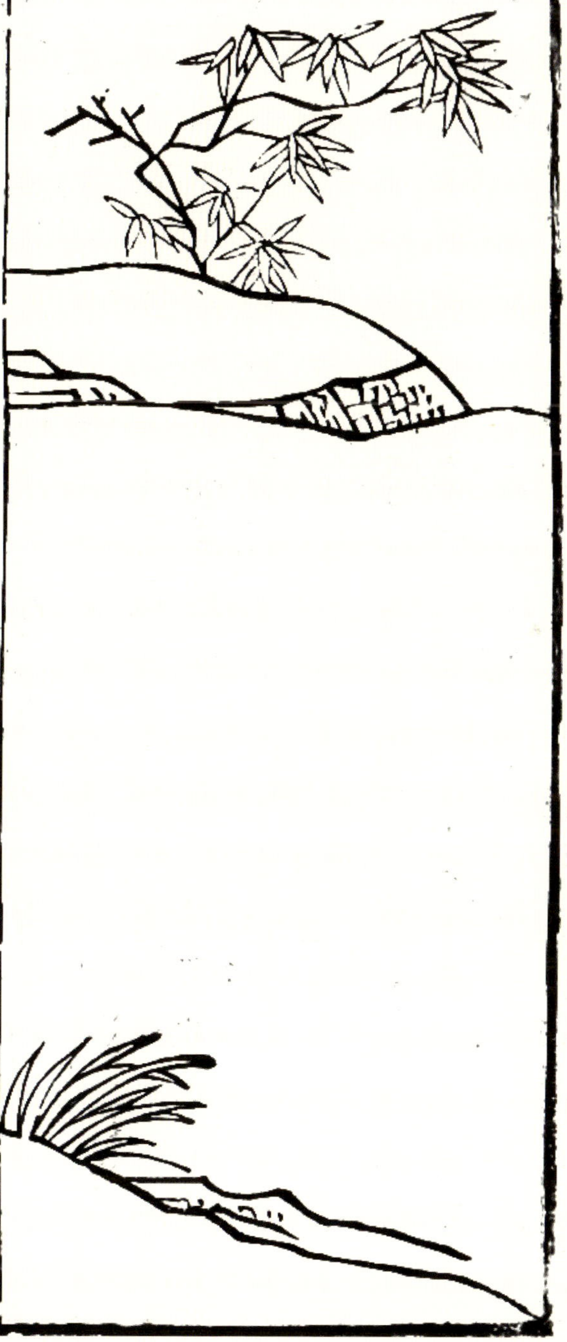

孟子聞樂正子爲政喜而不寐公孫丑疑其强有知慮多聞識

孟子曰其爲人也好善言雖治天下尚有餘力也

賢才用世　道喜得行　人欲以遏　天理斯明

時人特疑　多聞强知　好善有餘　天下足治

孟子葬鄒四基山史傳不詳歲月始終宋景祐四年孔道輔守兗州訪得之縣東北三十里今墓是焉

四基之山　鬱乜佳城　聖賢葬此　千載文明

文明之地　秀氣所鍾　子孫百世　蹌蹌雍雍

萬曆戊戌歲仲秋月
安正堂劉雙松氏梓

聖廟祀典圖考之孟子聖蹟圖

·清道光六年刻本

《聖廟祀典圖考》之《孟子聖蹟圖》，清道光六年（一八二六），吴門賜硯堂顧氏刻本，顧沅輯、孔繼堯繪圖。原書開本高二十九點三厘米，寬十六點八厘米，版框高十八點五厘米，寬十二點八厘米。國家圖書館、天津圖書館、四川圖書館等有收存。

此卷爲《聖廟祀典圖考》，附《孟子聖蹟圖》一卷。原書扉頁文字爲『聖廟祀典圖考　孔孟聖蹟圖附』。原書目録附『孟子聖蹟圖全卷・古本』。開篇總序據《史記・孟子列傳》簡述孟子生平事蹟，附有贊詩。圖畫共二十一幅，首圖爲孟子及弟子像，次圖爲三遷擇里，末圖爲風齊孔皐，每幅圖像有題名，並配有文字釋義和贊詩。

此卷書流傳較廣，後有多種版本翻印。例如，清巾箱本，開本長十七厘米，寬十點三厘米；内頁版框長十三點四厘米，寬九厘米，存于寧波市天一閣博物院；清道光二十九年刻本，黄位清、謝有仁編，書版框長十八點三厘米，寬十三點七厘米，存于廣東省立中山圖書館；清光緒同文書局白紙精石印版，書版長十六點八厘米，寬十點一厘米，高三點三厘米；根據圖畫内容翻刻的碑刻，存于蘇州碑刻博物館等。

孟子聖迹圖

按史記孟子列傳云孟軻騶人也受業子思之門人道既通游事齊宣王宣王不能用適梁梁惠王不果所言則見以爲迂遠而濶於事情當是之時秦用商鞅楚魏用吳起齊用孫子田忌天下方務於合從連衡以攻伐爲賢而孟軻乃述唐虞三代之德是以所如者不合退而與萬章之徒序詩書述仲尼之意作孟子七篇

贊

氣象巖巖泰山巨鎮學本宣思道宗堯舜仁義七篇以承三聖排斥異端擴發善性存理遏欲撥亂反正扶植弘綱功與禹稱配食廟庭千載垂訓

三遷擇里

孟譜云孟子生三歲喪父激公宜母氏有賢德始舍墓次舍市三遷學宫之傍嬉戲乃設俎豆揖讓進退母喜遂居之

讃

賢哉孟母教子義方三遷擇里學宫之傍嬉戲禮儀乃設俎豆退遜雍容異乎羣流

斷績勵學

孟子少長就學而歸孟母方績問曰學所至矣曰自若也母以刀斷績勉勵其學孟子懼勤學不息遂成大儒

讚　愛子之心天地同德視學無成以刀斷績勉之至矣勵之以嚴學勤不息遂成大賢

孟子聖蹟圖
恪諮治道

孟子問子思牧民之道何先曰先利之後對惠王言仁義而不言利仁義正所以利之也推本言之傳自堯舜至孔子曾思孟子而止焉

讚

堯舜禹湯文武周孔曾思孟軻道傳一統以利牧民推行仁義言固殊途理同一致

孟子聖蹟圖　五

禮聘適梁

梁惠王以禮聘孟子而問利國故孟子告以行仁義以救其弊

讚

惠王招賢甲禮厚幣富國强兵其心在利孟子見之對曰仁義拔本塞源以救其弊

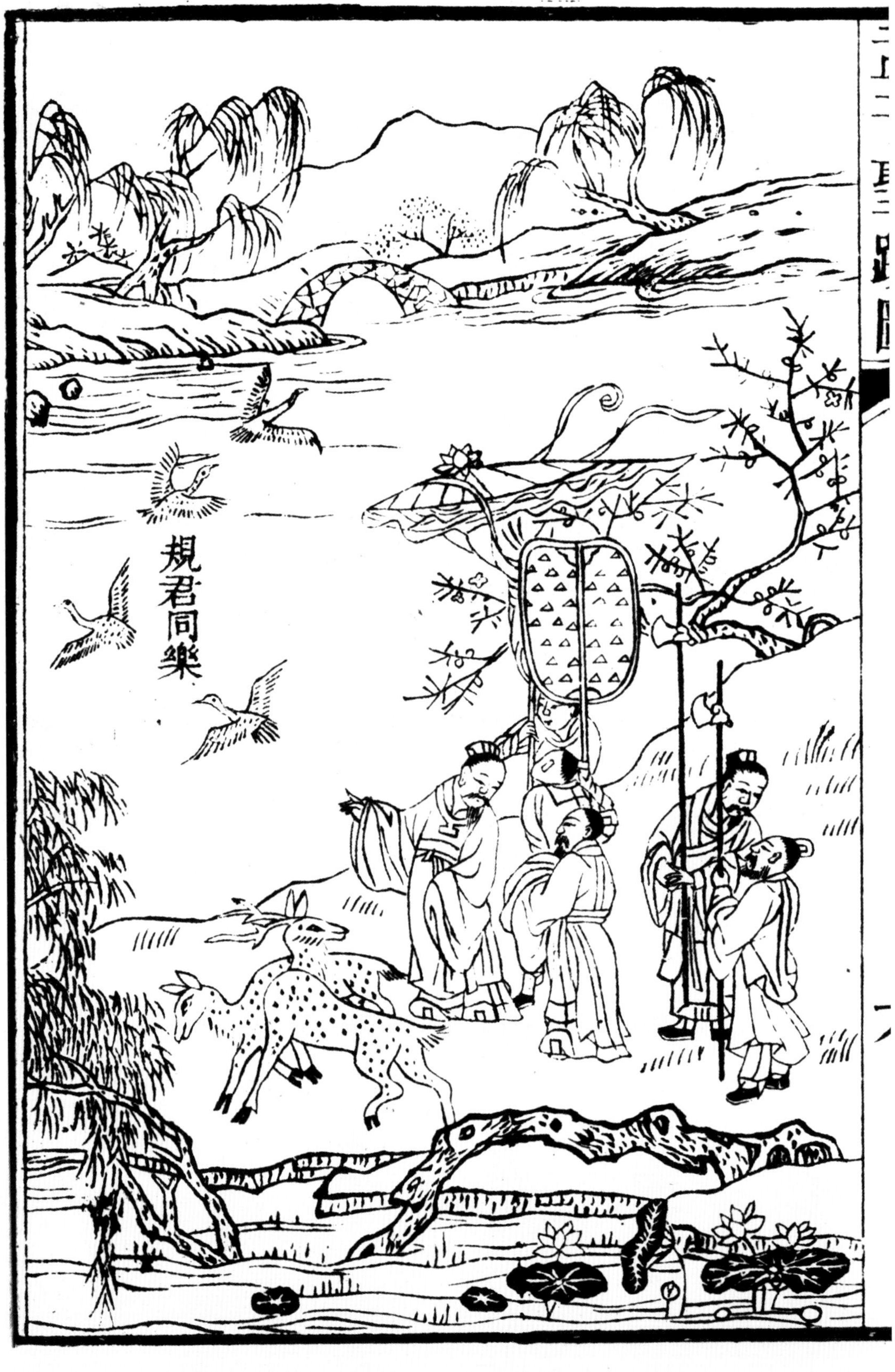
規君同樂

梁惠王立沼上顧鴻鴈麋鹿問曰賢者亦樂此乎
孟子對以賢者而後樂此一言之間理欲判矣

贊

遊觀之樂當同乎民鴻鴈麋鹿獨善其身沼
上之對賢者後樂一言之微人欲以遏

規君同樂

孟子聖蹟圖
擴充仁心

齊宣王欲問齊桓晉文之事孟子既甲之而告以
王道復指以羊易牛之心可以保民欲其擴充
以行王道也

贊
舍羊易牛以小易大百姓之言宜乎我愛不
忍之仁好生惡死能推是心可以王矣

擴充仁心

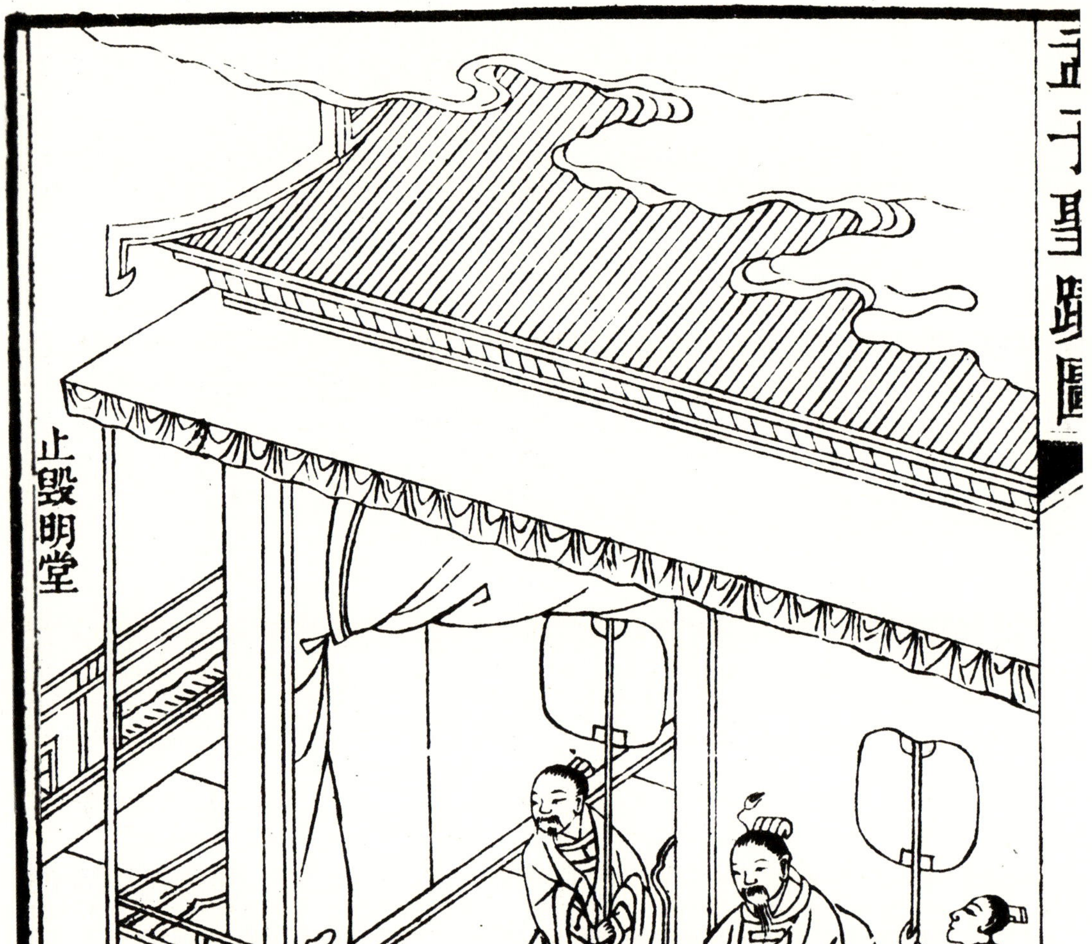
孟子聖蹟圖
止毀明堂

齊宣王因孟子止毁明堂而問王政孟子舉文王治岐與貨色之好雖天理人情所有但能公同乎民爲盡善也

贊

明堂之設巡狩所止欲行王政何必議毁王政之施同行異情從民所好天理昭明

孟子聖蹟圖
嬖人沮見

魯平公先得樂正子欲見孟子後沮於臧倉而不果見及孟子聞之但諉之於天而不責於人也

贊　樂於見賢樂正所使止於不行臧倉所沮行或不行關乎時運遇或不遇皆天所命

聽天安命

壹

《孟子圣迹图》为仿古
，阅读时自左向右翻页，
向下、由右向左排版。
貌，文字采用繁体字，
按原书形式，没有点校。
为6幅孟子像。主体
印的明朝至清末的5种
子圣迹图》，以时间为
的明洪武六年《孟氏宗
明嘉靖四年《孔孟圣
孟子圣迹图》、明万历
《孟子全图》、清道光
祀典图考》之《孟子
清光绪三十年《孔孟
孟子图歌》。每种版
文字说明。

贰

《孟氏宗传祖图》为石质碑刻，明洪武六年（1373）孟子五十四代孙、诏授邹县主簿孟思谅立，现存于邹城市孟庙。

碑正面刻《孟子圣迹图》共12组图，分别为：断机、梁惠王问利国、齐宣王问治国、传食于诸侯、门人、公孙丑问浩然、宋敕封乐正克为利国侯、道性善、元诏封孟子父母、思孟传授、四基山坟庙图、亚圣公夫人，记载了孟子一生主要事迹及后世尊崇。此辑为石刻拓本，图中文字为本图题名和图中人物名称。

叁

《孔孟圣迹》之《孟子圣迹图》，明嘉靖四年（1525）刻本，戴光修，谢秉秀辑，现存于宁波市天一阁博物院。

刻本封面题“明版嘉靖孔孟圣迹”，共有21幅图。开篇孟子总赞，为四言赞诗。首图为孟子像、乐正子像，像旁注有“孟子、乐正子”字样。次图为孟母三迁图，末图为孟子坟茔，各图均无题名。每幅图配有文字，文字为图画内容注释，前部分为简录孟子事迹，后部分为四言赞诗。

肆

《孟子全图》，明万历二十六年（1598）安正堂刘双松梓印，现存于日本早稻田大学。

封面和扉页题“孟子全图”，正文象鼻处题“孟子故事”，全书共21幅图。首页图像为孟子及弟子像，文字为四言“孟子总赞”。次图为孟母三迁图，末页图像为四基山孟子墓图。各图版式为右图左文，文字内容是图画对应的孟子事迹和四言赞诗。

伍

《圣庙祀典图考》之《孟子圣迹图》，清道光六年（1826）吴门赐砚堂顾氏刻本，顾沅辑、孔继尧绘图，国家图书馆、天津图书馆、四川图书馆等有收存。

开篇总序据《史记·孟子列传》简述孟子生平事迹，附有四言赞诗。图画共21幅，右图左文。首图为孟子及弟子像，其后20幅图像均有题名，依次为：三迁择里、断绩励学、恪咨治道、礼聘适梁、规君同乐、扩充仁心、止毁明堂、嬖人沮见、听天安命、列国尊贤、气言希圣、简言待辅、过宋见贤、反齐礼葬、辞禄万钟、正告充虞、道承三圣、子敖不豫、道喜得行、风齐孔阜。每幅图旁配有文字释义和四言赞诗。

陆

《孔孟图歌》之《孟子图歌》，清光绪甲辰（1904）秋七月江钟秀编，王宣甫、侯殿元绘，山东全省印书局石印，济南同会斋发行，现存于邹城博物馆、国家图书馆等。

书册前有“孟子图歌序”“亚圣孟子像”“孟子图歌前引”，后按孟子一生事迹绘有圣迹图共12幅，均以四言标注名称，依次为：泰山乘云、三迁成名、师事子思、断机喻学、游见齐宣、返鲁葬母、臧仓阻驾、滕文问道、游见梁惠、力辟杨墨、退作七篇、礼废贺冬。每幅图均配有歌词，歌词上注明“宣”“讲”二字，以骈文或短歌形式叙述孟子生平事迹和重要思想。

孟子圣迹图

阅读说明

注同上

孟子聖蹟圖 十一

列國尊賢
孟子聖蹟圖

當時功利說盛不知聖賢功用之大彭更見國君尊養之至故有車從泰多爲問孟子答以事合乎道不爲過也

贊

道尊列國徒御衆多諸侯傳食禮不爲過賢才用世其功不少繼往開來有光吾道

氣言希聖

公孫丑疑孟子加齊卿相得位行道以動心孟子極養氣知言之功葢孔子之聖不假乎養氣知言孟子必學乎此而至聖也

贊 心之不動養氣知言功交培養天君泰然孔子之聖不假言氣孟子之心學而可至

氣言希聖

簡言待輔

孟子爲卿出弔於滕王使大夫王驩輔行往返齊滕未嘗與言行事公孫丑疑問孟子答以事既以治又何言哉

贊

弔使他邦有正有輔正舉宏綱副承制數既往而旋無失吾言待小人禮不惡而嚴

簡言待輔

過宋見賢

滕文公爲世子過宋而見孟子孟子道性善言必稱堯舜但衆人蔽於欲而不充堯舜則無欲而充其性耳

贊　人性之善原出於天堯舜不失理得其全衆人之愚私欲所累擴而充之至同一理

孟子聖蹟圖
反齊禮葬

孟子自齊葬魯反齊止嬴充虞治棺至此問曰木若以美孟子答曰非特觀美在乎得爲自盡以快人子之心而已

贊　葬母反齊過嬴而止充虞問棺木若以美送終之禮棺槨衣衾得爲自盡方快人心

孟子聖蹟圖　十六

辭祿萬鍾

孟子致爲臣而歸王就見孟子曰前日願見而不可得得侍同朝甚喜留意誠矣又言養弟子以萬鍾爲國人矜式以利誘之故拒不受

贊

致臣而去爲道不行王來就見留之以誠養以萬鍾爲國矜式以利誘之於義何得

辭祿萬鍾

正告充虞

孟子去齊充虞路問曰夫子若有不豫色然嘗聞君子不能怨尤孟子答以時之不同興王之期已過平治之具在我又何不豫哉

贊

去齊之憂其道不遇充虞問之答時有異亂極當治數則有餘平治之具舍我其誰聖賢救世辭闢之嚴異端息滅王道平平

正告充虞

孟子聖蹟圖
道承三聖

孟子因公都子問好辨既言不得已復以治亂迭興自堯至周世道衰孔子懼作春秋楊墨盛孟子懼正人心聖賢救世立法豈得已哉

贊

辨不得已爲世衰薄孔子懼之春秋是作聖王不興道亂楊墨惑世誣民仁義充塞

子赦不豫

公行子有子之喪蓋大夫王驩以君命往弔諸臣皆與驩言孟子獨不與驩言王驩不悅孟子以朝廷之禮曉之

贊　相與往弔有命自君不相與言恐失其身我欲行禮子敖不豫大節未知孰識其義

孟子聖蹟圖　三

道喜得行

孟子聞樂正子爲政喜而不寐公孫丑疑其强有
知慮多聞識孟子曰其爲人也好善言雖治天
下尚有餘力也

贊　賢才用世道喜得行人欲以遏天理斯明時
人特疑多聞强知好善有餘天下足治

道喜得行

風齊孔阜

孟子塋鄒四基山史傳不詳歲月始終宋景祐四年孔道輔守兗州訪得之縣東北三十里今墓是焉

贊　四基之山鬱鬱佳城聖賢塋此千載文明文明之地秀氣所鍾子孫百世躋躋雍雍

風齊孔阜

孔孟圖歌之孟子圖歌

·清光緒三十年印本

《孔孟圖歌》之《孟子圖歌》印本，清光緒甲辰（一九〇四）秋七月江鍾秀編，王宣甫、侯殿元繪，山東全省印書局石印，濟南同會齋發行。原書高二十七點五厘米，寬十五點五厘米，框高十九點二厘米，寬十一點二厘米。現存鄒城博物館、國家圖書館等。

《孔孟圖歌》全書分爲《孔子圖歌》和《孟子圖歌》兩卷，封面題『孔孟圖歌』，扉頁題『孔孟圖歌』『光緒甲辰秋七月』『山東全省印書局石印本，濟南同會齋發行』。《孟子圖歌》前有『孟子圖歌序』『亞聖孟子像』『孟子圖歌前引』，後按孟子一生事蹟繪有聖蹟圖共十二幅，均以四言標注名稱，言簡意賅。每幅圖均配有歌詞，歌詞上注明『宣』『講』二字。末爲《孟子圖歌後結》。圖多用白描，線條流暢，構圖生動，雕刻精細，色調古雅，生動展示了孟子一生中的重要事蹟。

孔孟圖歌

孟子圖歌序

月者繼日以明者也孟子者繼孔子以明者也夫天無日固不明使徒有日日退則無以為明世無孔子固不明使徒有孔子孔子歿則無以為明孟子者繼孔子以明者也即繼孔子以生人者也比之於天殆猶月也何者人苟不明則深闇迷惘不知所之日入於邪而不知其禍必至無父無君至人皆無父無君則三綱淪五倫壞刀兵水火交起人理絕而人類滅矣人苟能明則洞達澄澈自有定向日趨於正而不覺其道惟依入孝出忠至人皆入孝出忠則三綱立五倫飭富貴壽考併臻人理著而人類繁矣孟子一生力闢楊墨專宗孔子蓋以此也或謂孟

子闢楊墨宗孔子亦未轉戰國爲唐虞若是乎孟子雖能明道而實不能生人也豈知戰國若無孟子出而正人心息邪説距詖行放淫辭而一任爲我兼愛縱横刑名之徒高張氣燄肆其慘惡奇毒所流靡有孑遺人類固早已滅絶矣又安能繩繩續續相傳至今哉此先賢先儒所由俱推其功不在大禹下也且夫大禹邈矣而人之入野者猶稱曰禹甸孟子邈矣而人之論道者猶與孔子並稱之曰孔孟之道孟子之功信乎較顏曾思三子而尤偉矣凡民當何如一意信從奉爲孔教之指南而終身率由不失也乃近數年來正教不明人各異見家各異聞教名之多殆至數十計而庸愚無識方且述茫雲霧深入不返其

亦思天無二日即無二月世無兩至聖即無兩亞聖乎又何必復舍朗朗明月而自尋雲霧為耶倘得吾圖吾歌而翻然改就吾孟子以永作為孔教之指南焉其亦可為能出幽谷而遷喬木矣庶朗朗明月亦不至永為雲霧所蔽也乎

光緒三十年三月念六日山左歷城汪鍾秀

亞聖孟子

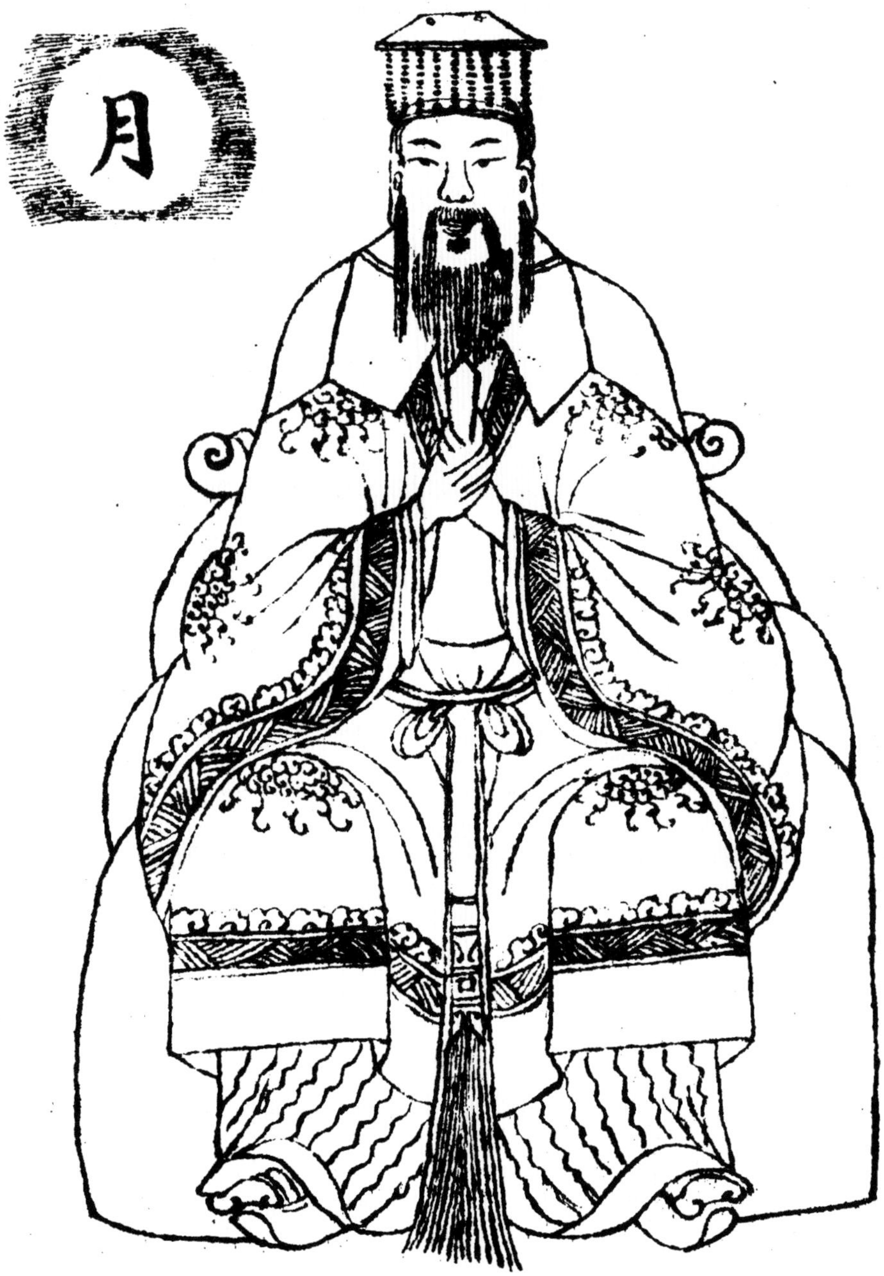

孟子圖歌前引

孟子曰人之所不慮而知者其良知也所不學而能者其良能也孩提之童無不知愛其親也及其長也無不知敬其兄也親親仁也敬長義也無他達之天下也夫曰達之天下則無量數人皆知仁義皆能仁義矣然則今茲非宣講孟子也亦宣講無量數人心中之仁義耳

引曰

說起孟夫子　天下人盡知　若論生平事
誰能核其實　閒来無的做　編部宣講詞
諸君請落坐　聽我提一提

孔孟圖歌

卷之二

二

宣

常言道鄒縣亞聖萬古傳　聽着我從頭至尾溯根源

那亞聖父親原是孟孫激　娶了个聖配仉氏甚周全

適仉氏夜來做了一番夢　有神人乘雲來至嶧山前

說泰山真是有神多靈爽　至醒了生了一个聖人男

他本是字表子輿名孟軻　生在那周室烈王有四年

論生日己酉四月初二日　願學人牢記心懷不僞傳

講

按孟子譜云孟子未生時母夢神人乘雲扳龍鳳自泰山來將止於嶧凝視久之忽見片雲墜而寤時閭巷皆見五色雲覆孟氏宅而孟子生焉

孔孟圖歌　卷之二　三

宣

最可憐三歲不幸喪了父　適孟母居舍偏鄰墳墓間
初孟子嬉遊惟學埋墳事　被孟母看見甚是不喜歡
因此這方遷日中為市地　不料想孟子又學貿易焉
這孟母靜念學賈亦非計　於是乎遷居又在學宮前
到了那學宮之前陳俎豆　演習的一切禮貌甚周全

講

按韓詩外傳云孟子之少也其舍近墓田嬉遊為墓間之事孟母曰此非所以處子乃去舍市傍其嬉遊為賈人衒賣之事孟母曰此又非所以居吾子也復徙舍學宮之傍其嬉遊乃設俎豆揖讓進退之禮孟母曰此真可以居吾子矣遂居之

孔孟圖歌

卷之二

四

宣

到了那十歲孟母促就學　這孟子來裝就到曾國間

那述聖子思原是孔子後　就將那堯舜仁義與他談

子上見這樣優禮大不悅　那述聖更將孟子誇英賢

講

按孔叢子云孟子與尚幼請見子思子思見之甚悅其志命子上侍坐焉禮敬之甚崇子上不願也客退子上請曰白聞士無介不見女無媒不嫁孟孺子無介而見大人悅而敬之白也未喻敢問子思曰然吾昔從夫子於郯遇程子於塗傾蓋而語終日而別命子路將束帛贈焉以其道同於君子也今孟子車孺子也言稱堯舜性樂仁義世所希有也事之猶可況加敬乎非

爾所及也又孟子問子思曰堯舜文武之道可力而致乎子思曰彼人也我人也稱其言履其行夜思之晝行之滋滋焉汲汲焉如農夫之赴時商之趣利惡有不至者乎又孟子問牧民何先子思曰先利之曰君子之所以教民亦仁義固所以利之乎子思曰上不仁則下不得其所上不義則下樂為亂也此為不利大矣故易曰利者義之和也又曰利用安身以崇德也此皆利之大者也又子思謂孟子曰自大而不修其所以大不大矣自異而不修其所以異不異矣禮接於人人不敢慢辭交於人人不敢侮其惟高遠乎

孔孟圖歌　卷之二　六

宣
雖然是從此學問大長進
畢竟猶未到盡善盡美間
胡為乎中道而廢歸家去
被母親忽然看見帶怒顏
這孟母取刀斷機罕譬諭
那列女傳中詳細記一篇

講
按列女傳云孟子之少也既學而歸孟母方績問曰學所至矣
孟子曰自若也孟母以刀斷其織孟子懼跪而問其故孟母曰
子之廢學若吾斷斯織也夫君子學以立名問以廣智是以居
則安寧動則遠害今爾廢之是不免於斯役而無以離於禍患
也何以異於織績而食中道廢而不為寧能衣其夫子而長不
乏糧食哉孟子懼旦夕勤學不息師事子思遂成天下之名儒

又按韓詩外傳云孟子少時東家殺豚孟子問其母曰東家殺豚何爲母曰將啖汝其母自悔而言曰吾懷妊是子席不正不坐割不正不食胎教之也今適有知而欺之是教之不信也乃買東家豚肉以食之明不欺也

宣

倘若是孟子中年廢了學　誰可能傳得孔教萬萬年

誰可能尊王黜霸距功利　誰可能入孝出弟無閒言

誰可能知言養氣有實學　誰可能守先待後有眞傳

可見這全賴孟母斷機訓　眞不愧頂天立地一奇男

越數年孟子娶妻屬田氏　這田氏生男仲子亦稱賢

講

按韓詩外傳云孟子妻獨居踞孟子入戶視之白其母曰婦無禮請去之母曰何也曰倨其母曰何知之孟子曰我親見之母曰乃汝無禮也非婦無禮禮不云乎將入門問孰在將上堂聲必揚將入戶視必下不掩人不備也今汝往燕私之處入戶不有聲令人備而視之是汝之無禮也非婦無禮也於是孟子自責不敢去婦又按孟氏譜及三遷志皆云孟子娶田氏生仲子名睪

遊見齊宣

宣

自此後孟子行旌往齊國　齊宣王見他心裏甚重焉
那宣王親到雪宮來問政　待改日封以客卿為了官
庶幾乎王道能行齊國治　實指望堯舜君民在此間
不料想宣王本是一庸主　惟事事能聽而不能用焉
從可見天意未欲平天下　這事在孟子四十餘歲間
那編年輕信通鑑記年數　謂孟子先梁後齊大不然
倘果然周流先梁後齊國　梁惠王一見胡為稱叟焉

講

按遊見齊宣孟子本書備載又按韓氏外傳云孟子說齊宣王而不悅淳于髡侍孟子曰今日說公之君公之君不悅意者其

未知善之為善乎淳于髡曰夫子亦誠無善耳昔者瓠巴鼓瑟而潛魚出聽伯牙鼓琴而六馬仰秣魚馬猶知善之為善而況君人者也孟子曰夫電雷之起也破竹折木震驚天下而不能使聾者卒有聞日月之明徧照天下而不能使盲者卒有見今公之君若此也淳于髡曰不然昔者揖封生高商齊人好歌杞梁之妻悲哭而人稱詠夫聲無細而不聞行無隱而不形夫子苟賢居魯而魯國之削何也孟子曰不用賢削何有也吞舟之魚不居潛澤度量之士不居汚世夫葉冬至必彫吾亦時矣詩曰不自我先不自我後吾非遺彫時者歟又按荀子云孟子三

見齊宣而不言事弟子問曰何為不言孟子曰我先攻其邪心

孔孟圖歌　卷之二　十

宣齊宣王養賢終是虛懸套在齊國數年僅僅把身安
那孟母壽數已盡歸天去這孟子返魯塟母馬鞍山
復手刻石像跪置母墳裏到宋朝始得移之廟中焉

講

按去齊塟母孟子本書備載又按列女傳云孟子處齊而有憂色孟母見之曰子若有憂色何也孟子對曰軻聞之君子稱身就位不為苟得而受賞不貪榮祿諸侯不聽則不達其土聽而不用則不踐其朝今道不行於齊願行而母老是以憂也孟母曰夫婦人之禮精五飯冪酒漿養舅姑縫衣裳而已矣故有閨內之修而無境外之志易曰在中饋無攸遂詩曰無非無儀惟

返魯葬母

酒食是議以言婦人無專制之義而有三從之道也故年少則從乎父母出嫁則從乎夫夫死則從乎子禮也今子成人也而我老矣子行乎子義吾行乎吾禮又按趙岐題辭云孟子魯公族孟孫之後故孟子仕於齊喪母而葬於魯即今馬鞍山孟母墓是也又孟子葬母自刻石像置母墓裏迨後宋人修孟母墓始出而移之廟中焉

孔孟圖歌

卷之二

十二

宣

自此後在家住了十數載　這年紀約在五十餘歲間

適鄒與魯鬨穆公來問策　急取那親上死長論一番

樂正子適在魯國為了政　因速將孟子薦於平公焉

魯平公聞聽此言甚歡喜　於是乎將身親往迎高賢

想當年平公果然能親見　定可得大展抱負在此年

不料想嬖人臧倉來阻駕　他說是孟子舌辯不為賢

若要是賢者必能知經禮　那孟子何為後喪踰於前

魯平公不明道理遂回駕　天未欲平治天下又何言

講

按臧倉阻駕孟子本書備載又按廣文選云魯平公與齊宣王

會於凫繹山下樂克備道孟子於平公曰孟子私淑仲尼其德輔世長民其道發政施仁君何為不見乎

滕文問道

宣越數年孟子遊薛併遊宋　滕文公世子過宋問道焉
孟夫子言言與他道性善　然必是取那堯舜徵一番
迨定公卒後然友來問禮　三年喪始見行於戰國間
從此時孟子行旌往滕國　又把那井田學校講一番
不料那許行自楚來亂法　幸歷述堯舜折的他無言

講

按文公問道孟子本書備載又按朱子謂滕文公過宋及問為國兩章見孟子之學識其大者是以雖當禮法廢壞之後制度節文不可復考而能因略以致詳推舊而為新不屑屑於既往之迹而合乎先王之意真可謂命世亞聖之才矣

孔孟圖歌

卷之二

十五

宣孟夫子周遊列國已多載　到老了六十餘歲至梁問
梁惠王見他年高甚敬重　開口稱叟就把那利來談
孟子道仁義為國又何有　無煩令國人爭奪起禍端
倘當年果能舉國先生聽　又何難俾梁天下莫强焉
無如那惠王利心深入骨　終就是不能實用亦徒然
到後日惠王已死襄王立　一見便說他不似人君焉
這遊梁確是孟子老年事　若要說先梁後齊大不然
或有問七篇何以梁居首　曰是以仁義折他功利言
從春秋以至秦項無限禍　都是這利之一字作其端

遊見梁惠

已逆知後日復有大戰國　故退而作書以是居首篇
從可見孟子立言有深意。願全球萬國仁義共為先

講
按孟子游梁本書備載又按史記云惠王三十五年數敗於軍旅卑禮厚幣以招賢者鄒衍淳于髡孟軻皆至梁惠王曰寡人不佞兵三折於外太子虜上將死國以空虛無以修先君宗廟社稷寡人甚愧之叟不遠千里辱幸至敝邑之庭將何以利吾國乎孟軻曰君不可言利若君欲利則大夫亦欲利大夫欲利則庶人皆欲利上下欲利則國危矣為人君仁義而已矣何以利為又曰吾讀孟子至梁惠王問何以利吾國未嘗不廢書而

歎也曰嗟乎利誠亂之始也夫子罕言利者常防其原也當是之時秦用商君富國强兵楚魏用吳起戰勝弱敵齊威宣王用孫子田忌之徒而諸侯東向朝齊天下方務於合縱連横以攻伐為賢而孟子乃述唐虞三代之德是以所如者不合此豈有意阿世俗苟合而已哉持方柄欲内圓鑿其能入乎

論附

自古聖賢皆能於數千百年之前灼見於數千百年以後之患而預防之即計不行功不成而後之人讀其書猶能想見其苦心而為之掩卷太息也孔子一生志在春秋欲天下萬世皆知

尊王而已孟子一生願學仲尼欲天下萬世皆知宗聖而已然欲使天下萬世皆知宗聖必先勦絕其侮聖者掃滅其叛聖者不能以潛消未來之鉅患而大造天下萬世之幸福何者戰國時惟秦有統一天下之勢正吾孟子所樂藉其勢以行吾仁義之道者也乃秦自孝公以來其所尊而用之者皆在刑名法術汲汲求富强之輩其所卑而棄之者皆在詩書禮樂皇皇求仁義之儒無論吾孟子不肯枉道求彼也即稅駕至秦彼視之不過一迂腐老生耳烏足與談天下事所謂視吾儒曾不一介若者此也夫人情始卑而棄之者久則厭而除之以秦之蔑視吾

儒復濟之以虎狼之横兼乘之以囊括四海席捲八荒之勢其後必至焚書坑儒滅絕聖教固不必若孟子之聖而始知也孟子患之因思藉梁以遏其毒梁居兩河之間范睢所謂天下之樞也秦欲取天下必先取梁梁塞秦之衝而蔽山東之諸侯梁存而天下乃存天下存而聖教乃存故孟子之意以為苟能興弱梁即能遏强秦能遏强秦即能維聖教能維聖教而後日焚書坑儒之鉅禍已潛消於今日區區大梁之一遊乃梁王不能聽孟子仁義之說以興其國而早滅虎狼之秦卒致秦政二十六年梁為秦滅梁滅而六國皆滅六國滅而天下滅天下滅而

焚書坑儒聖教亦隨之俱滅矣此孟子所以謂不仁哉梁惠王也豈徒指其以所不愛及所愛而言哉然孟子計雖未行功雖未成焚坑之禍吾儒卒實受之而猶幸孟子所作七篇未遭秦火為吾聖教之碩果也不然焚坑而後孔子之道將何從發生乎孟子退作七篇特以遊梁居先其以斯歟而後世儒者因此謂遊梁在遊齊之先也誤矣孟子若曰七篇首遊梁夫亦使天下萬世皆知我遊梁之苦心而已非遊梁也乃過秦也非過秦也乃維教也詎意時隔二千餘年運數所迫拘墟之儒斥格致機械為異學囂張之士鄙詩書禮樂為迂談彼此交詬流毒必

烈而焚坑之鉅禍又將居焉凡我同人詎可坐視而不一救耶
是所望於山東之宗聖者是所望於中國之宗聖者併所望於
萬國之宗聖者秀撰集孟子歌詞至遊梁不禁感慨係之因作
論一首附誌於此大雅君子關心世教尚其鑒
之諒之

孔孟圖歌

卷之二

十九

宣

孟夫子指望老來能大用　誰料想終身出世更無緣
思使那孔子之道傳萬世　先指著楊朱墨翟駁一番
那楊子無君為我固邪說　這墨子無父兼愛亦異端
倘若是戰國不生孟夫子　必至那天翻地覆又何言
真比那洪水猛獸患尤烈　較之孔子時亂賊尤甚焉
孟子與世人反復辨無已　這功誠不在禹周孔下焉

講

按力闢楊墨孟子本書備載又楊子法言云古者楊墨塞道孟子辭而闢之廓如也又歐陽文忠公曰昔戰國之時楊墨交亂孟子患之而專言仁義故仁義之説勝則楊墨之學廢又史鶚

言楊子為我似義而害仁墨子兼愛似仁而害義天下靡然從之相率以歸於禽獸其害道也極矣孟子以命世之才挺然起而闢之使不得售其似義害仁似仁害義之邪說而後楊墨之道息孔子之道著昌黎謂微孟子人皆服左衽而言侏儒者其在斯乎

光緒壬寅冬秀讀孟子至以力假仁者霸章乃歎孟子此章與中庸唯天下至聖章皆豫道破孔教徧行全球之機括也何以見之孟子不動心章稱孔子為生民未有更歷述宰我子貢有若之言以實之即繼以此章孟子意以為自古以德服人惟義

農黃帝堯舜禹湯文武數君然尚皆有力可藉至孔子則不階尺土之力而專以德服人天下惟專以德服人而一無所藉於力者其服人尤能無遠弗屆則後此合東西南北九萬里地球之大而皆心悅誠服尊之親之無疑矣何有於楊墨昔孟子對梁襄王曰天下定於一今吾亦曰各教定於孔子然不有孟子發宣其緼於先後學又何從問津焉於戲午會之中轉瞬即屆孟子自西自東自南自北無思不服與子。思子所言凡有血氣者莫不尊親之盛皆於我孔子實踐之矣楊墨云乎哉

孔孟圖歌

卷之二

二十一

宣孟夫子歷聘多年終不用　因望着吾黨以内把道傳
退與公孫丑萬章諸弟子　因述那仲尼之意作七篇
取一生經歷纂言挨次序　大約是尊王賤霸一席言

講

按趙岐題辭云孟子年老知其道之不行恥殁世而無聞也是故垂憲言以貽後人仲尼有云我欲託之空言不如見之行事之深切著明也於是退而論集所與高門弟子公孫丑萬章之徒難疑問答又自撰其法度之言著書七篇二百六十一章三萬四千六百八十五字包羅天地揆敘萬類仁義道德性命禍福燦然靡所不載帝王公侯遵之則可以致隆平頌清廟卿大

夫士蹈之則可以尊君父立忠信守志勵操者則可以崇高節抗浮雲有風人之託物二雅之正言可謂直而不倨曲而不屈命世亞聖之大才者也

孔孟圖歌

卷之二

二十三

禮廢賀冬

宣最不幸八十四歲歸天去
論年干壬申子月十五日
鄒人因哭他廢了賀冬禮
這俱是亞聖一生真事蹟
願學者再三歌詠熟記住
俺這裏一言難盡孟子事

正在那赧王二十有六年
其日正逢着冬至那一天
就將那孟子葬於四基山
今日裏從頭至尾溯一番
也得算攻錯之石在他山
惹得我窗下費了紙幾篇

講

按年譜云赧王二十六年十一月十五日孟子卒適遇冬至鄒人哭之因廢賀冬禮遂以成俗

孟子圖歌後結

孟子曰道在邇而求諸遠事在易而求諸難人人親其親長其長而天下平夫曰天下平則無量數人皆享昇平之福矣然則今茲非宣講孟子也亦仍宣講無量數人心中之親親長長而俾永享昇平之福耳

說完孟夫子　聽者當盡知　若論生平事　此能核其實
有時無的做　當思宣講詞　諸君請回去　各自提一提

孔孟圖歌跋

鄉約久廢宣講無人村野氓庶平素不獲聞孔孟正學惟於赴
集入市時相率前往說書場中聽江湖遊子擊鼓拍板演說封
神演義各種小說神奇鬼怪出天入地遂信為真庚子之變邪
說一倡萬衆附和非以是歟歷城江君壽臣余譜兄也立志正
大持論愷切時時以崇正學過邪說為心在鄉嘗集父老子弟
與談論孔孟正教懇懇不倦拳術之興他村習者甚夥惟其村
獨無一人是可知孟子經正民興民興斯無邪慝之言為有據
矣然壽兄亦非得天獨厚也蓋深有驗於人事以為不如此不
足以潛消禍患而同登仁壽也壽兄嘗考髮匪之難傷人二千

萬隘城六百處十餘年無王之鉅禍實由洪逆侮聖課讀館内撤去孔子之位一事發端壽兄承嗣之先曾大父母與其兩大父曁其伯大父母併其幼叔皆戰歿於咸豐時髮匪之難幸其大母段孫兩節孝未遇害所難堪者親嗣既無期功之姪尚乏兩節孝艱難備嘗矢志靡他煢煢無依儉苦度日迨光緒年間始以嫡堂嫂劉節孝子孝堂仁伯為嗣因急命孝伯赴縣房採詢團長陣亡當如何呈報據云吏部已咨行凡死事在十年以外者不准再行請卹孝伯旋家覆命段孫兩節孝流涕曰吾兩人所以冒萬死苦守在此者無非以我翁姑夫姪同時陣亡奇行至慘不可以淹歿不彰也今乃如此尚何言哉因號泣尋死

碰頭流血孝伯尊聞曲旌君壽山女也幼承家法賢孝夙著于歸後甚得兩節孝歡心急偕孝伯長跪哀乞百端勸解誓為先人表揚潛德兩節孝乃不死孝伯曲孺人念表揚潛德非讀書不能乃為壽凡延名師厚其館穀孝伯耕田服賈曲孺人日夜紡績以供束脩每當酷暑嚴寒作苦如常壽凡請少歇輒痛斥不允所入除供束脩外盡以孝養兩節孝及劉節孝已惟衣粗食疏壽凡以是激勵奮發學修兼優

前督學尹佩之夫子

前中丞張安圖及

今方伯胡鼎臣兩大公祖均禮貌之過於恒常本省觀察郭介

臣朱仰田兩夫子亦重其為人著述有尊宗贊議庶人禮畧兩書均已印行茲復編繪孔孟圖歌一書圖像精工歌詞詳明雖愚氓婦孺咸能觀覽曉喻從此人盡知尊孔孟黜邪說撥雲霧而覩日月何幸如之是即家置一編人手一卷夫豈贊乎古人云有志者事竟成徵之孝伯曲孺人益信惜曲孺人四十三歲即逝未獲親見也然壽凡堅忍卓絕卒能成其親志亦可謂近今所不數數睹者也 如弟同邑孔繼儒幼元謹跋

後記

一個城市的魅力，不僅在於當代經濟社會發展的先進程度，更應在于厚重的歷史人文積澱。鄒城，這片古老的土地，鍾靈毓秀，人文薈萃，古邾國存續八百餘年，孔子、孟子兩位儒家聖人在此誕生，鄒魯文化影響深遠，素有『孔孟桑梓之邦，文化發祥之地』之美譽。孟子，以其『行仁政』『民貴君輕』『我善養吾浩然之氣』等思想，在歷史長河中熠熠生輝。一部《孟子》激勵了無數仁人志士挺直了脊梁，與孟子相關的傳説典故讓人不禁神往，由此衍生了衆多關於孟母、孟子及其弟子、其思想、其作品的故事傳説、詩文歌賦、書畫印石等，形成了豐富而厚重的歷史文化遺産。

爲貫徹落實習近平文化思想，擔負起新時代新的文化使命，市政協經研究並經常委會一致通過，決定把最能代表鄒城歷史文化的孟子文化作爲文史資料工作的重點，以收集、整理、研究兩孟相關歷史文化遺産爲突破口，做好孟子文化的傳承發展和創新利用，提升鄒城歷史文化的影響力、傳播力。其中《孟子聖蹟圖》作爲歷史文物的『活化石』，是傳承文化的最好物質載體，它把孟子形象從文字走向了具像，雖然多處傳有幾種版本和零星資料，但未曾系統梳理、彙總過。爲此，把《孟子聖蹟圖》確定爲今年的文史資料徵編選題。

爲精准選題有的放矢，我們邀請了孟子研究院、市文物保護中心的專業人士給予指導並參與編撰。爲廣泛收集線索，我們通過咨詢孟子研究專家、查詢國家圖書館和各類網絡數字資源、搜尋孟子相關的各類出版物等方式，把所有可能的線索都一一彙集，再進行核實、比對，從浩繁的信息中篩選出發現最早的、有代表性的、具有流傳價值的版本及碑刻進行重點梳理。爲掌握第一手資料，編撰組成員專程到寧波天一閣博物院、蘇州碑刻博物館等地現場考察，拜訪專家，查閱資料，獲取了部分珍貴的數字資源。先後召開三次專家座談會、两次編審座談會，最終確定了以明洪武六年《孟氏宗傳祖圖》碑刻、明嘉靖四年《孔孟聖蹟》之《孟子聖蹟圖》紙本、明萬曆二十六年《孟子全圖》木刻版畫集、清道光六年《聖廟祀典圖考》之《孟子聖蹟圖》紙本、清光緒三十年《孔孟圖歌》之《孟子圖歌》印本等五種版本的《孟子聖蹟圖》作爲主要内容。

我們這次編輯《孟子聖蹟圖》注重做到兩點：一是全面。收集了明代至清末的多種版本，包括繪本、刻本、石刻等多種形式，更有首次發現的明嘉靖珍稀版本，具有較高的文獻、文物和藝術價值。二是精選。入選版本，皆經專家學者鑒定甄選，是目前各地所藏的最佳版本。此書的出版發行，必將對孟子思想研究、儒家文化傳播、中華文明的傳承與發展起到積極的促進作用。

在本書的整理過程中，市政協領導同志高度重視，從確定選題到内容把握，從指導線索收集到現場考察調研，從版本精選到版式設計都提出了許多寶貴的指導意見。同時，本書的整理和出版得到了市委、市政府、相關部門和寧波市天一閣博物院、蘇州碑刻博物館、中國文史出版社等大力支持。值此付梓之際，表示衷心的感謝！

因各方面條件限制，雖盡量收集，但仍有部分版本没有編入，抑或有版本没有發現。遺珠之憾，期待後來者予以訂補。

二〇二四年十二月